KB267136

Only for Guitar
best song book

누구나 한번쯤 꼭 치고 싶은 명곡들

핑거링기타 위시리스트 Ⅱ

Classic & Acoustic guitar

황선면

BM 성안뮤직

머리말

피아노나 화성학의 시각에서 편곡된 핑거링 악보는 어렵지 않게 접할 수 있습니다. 그러나 기타라는 악기가 지닌 고유한 운지법을 충분히 고려하지 않은 경우가 많아 연습을 거듭해도 손가락의 제약으로 인해 곡을 온전히 완성하기 어려운 현실에 직면하곤 합니다.

이러한 아쉬움을 극복하고자 기획된 핑거링기타 위시리스트는 기타 연주만의 관점에서 재해석한 악보집으로 당시 출간 직후부터 큰 호응을 얻었습니다. 그리고 이제 그 성원에 힘입어 두 번째 권을 독자 여러분 앞에 내놓게 되었습니다.

핑거링기타 위시리스트 II는 I권과 마찬가지로 기타의 특성을 온전히 반영한 운지와 해석을 담아내었으며, 입문을 마치고 핑거링에 도전하는 연주자부터 보다 깊은 음악적 성취를 추구하는 연주자에 이르기까지 모두에게 의미 있는 길잡이가 될 것입니다.

2026년 2월 황선면

■ TAB & 오선보 수록되어 통기타와 클래식기타 모두 연주가 가능합니다.

■ QR코드를 통해 모범연주를 들으실 수 있습니다.

■ 황선면의 기타스쿨 카페를 통해 업데이트 되는 연주 영상과 연주 팁을 만나실 수 있습니다.

https://cafe.naver.com/hwangseonmyeon

차 례

언제나 몇 번이라도

히사이시 조 작곡

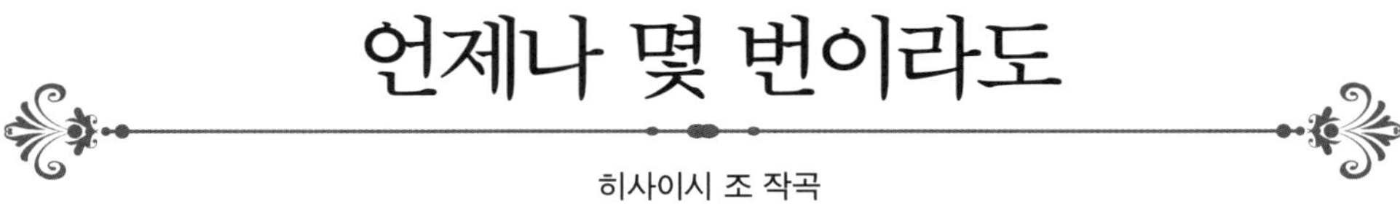

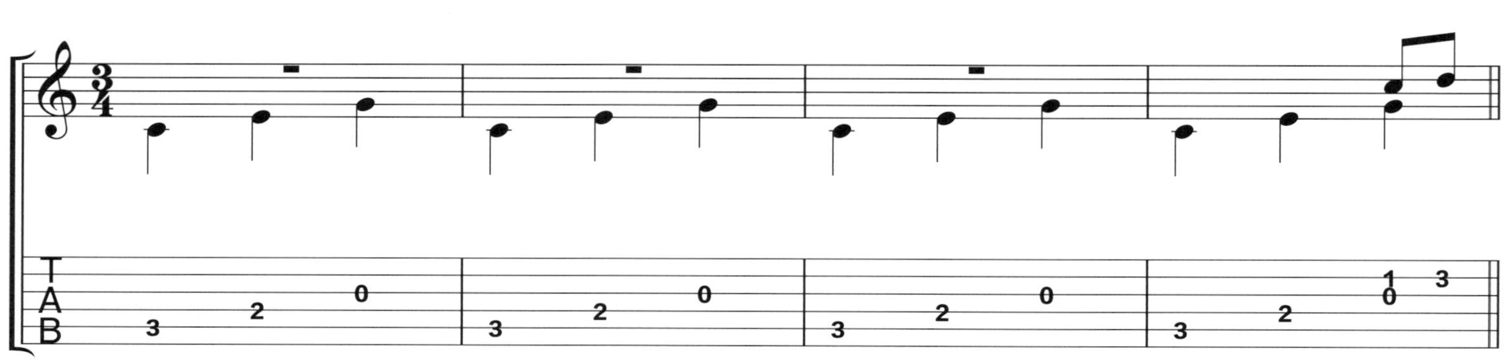

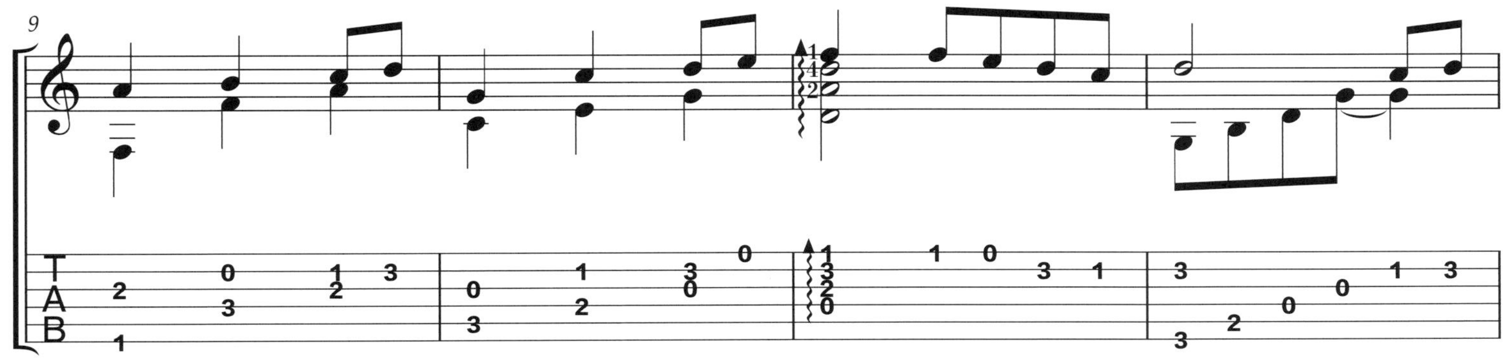
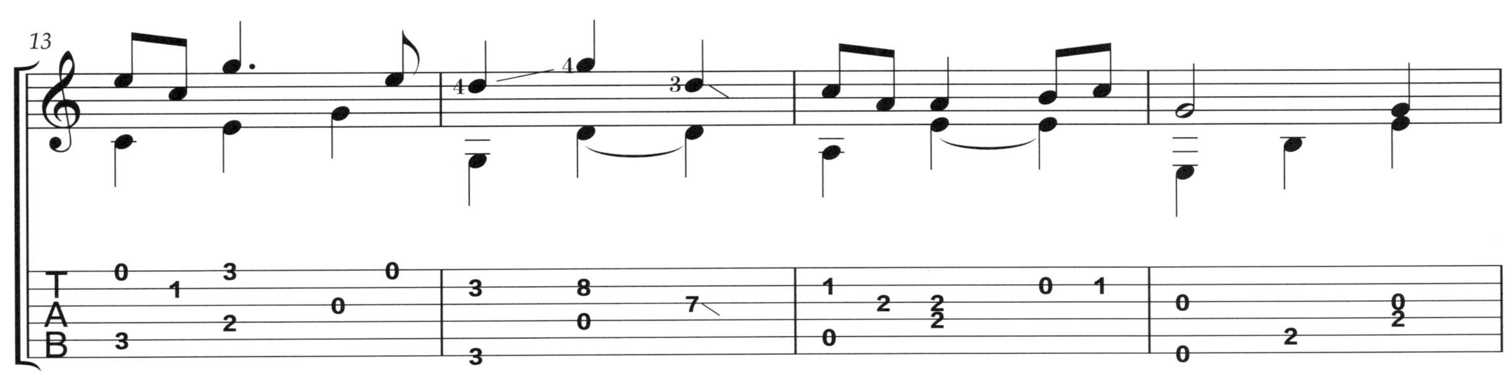

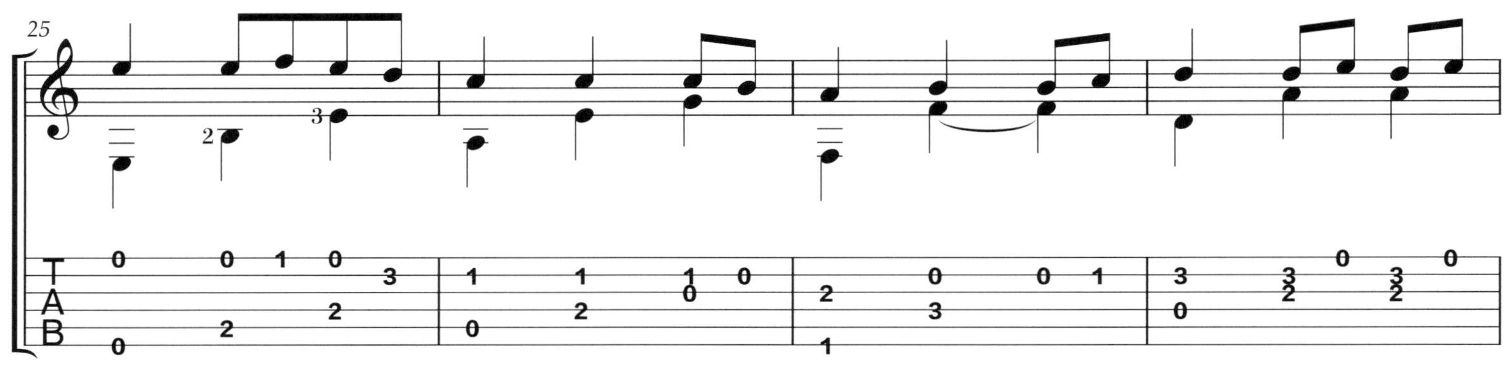

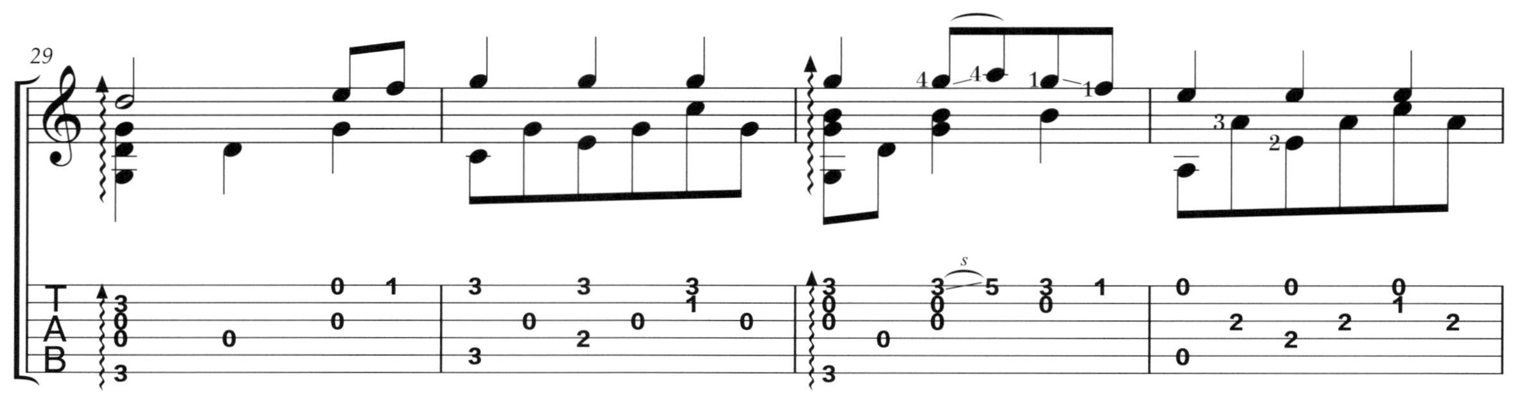

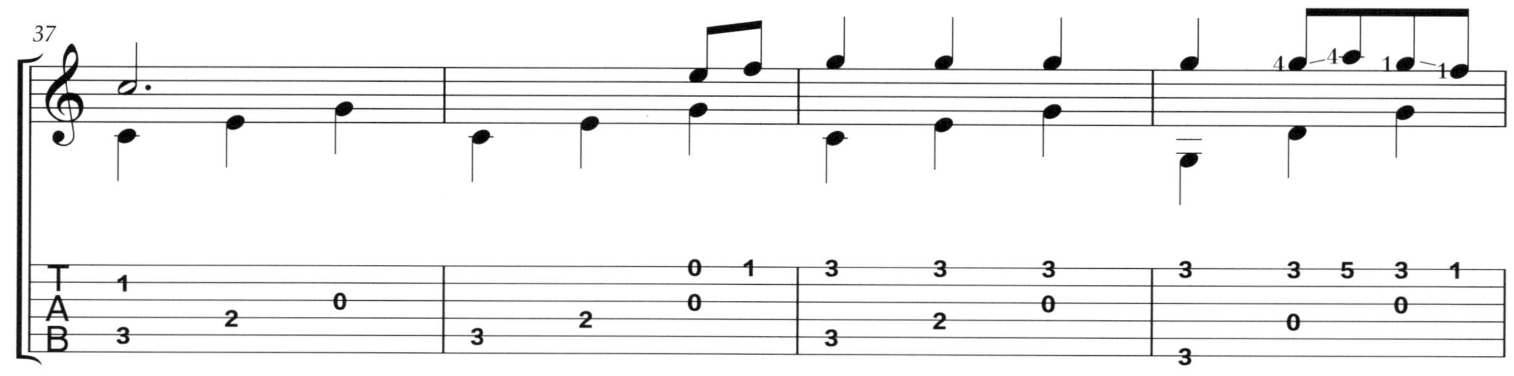

쉘브르의 우산

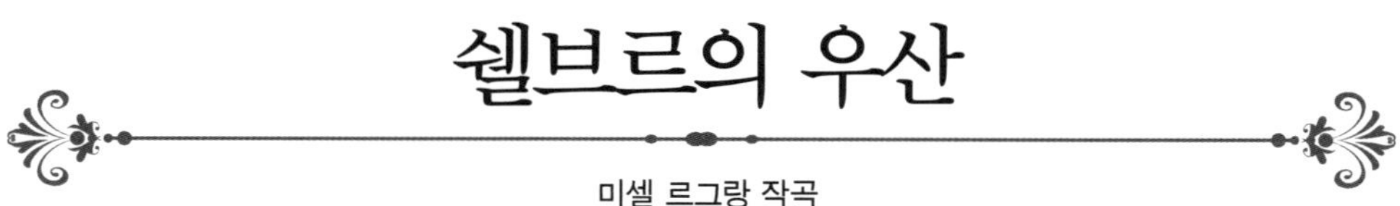

미셸 르그랑 작곡

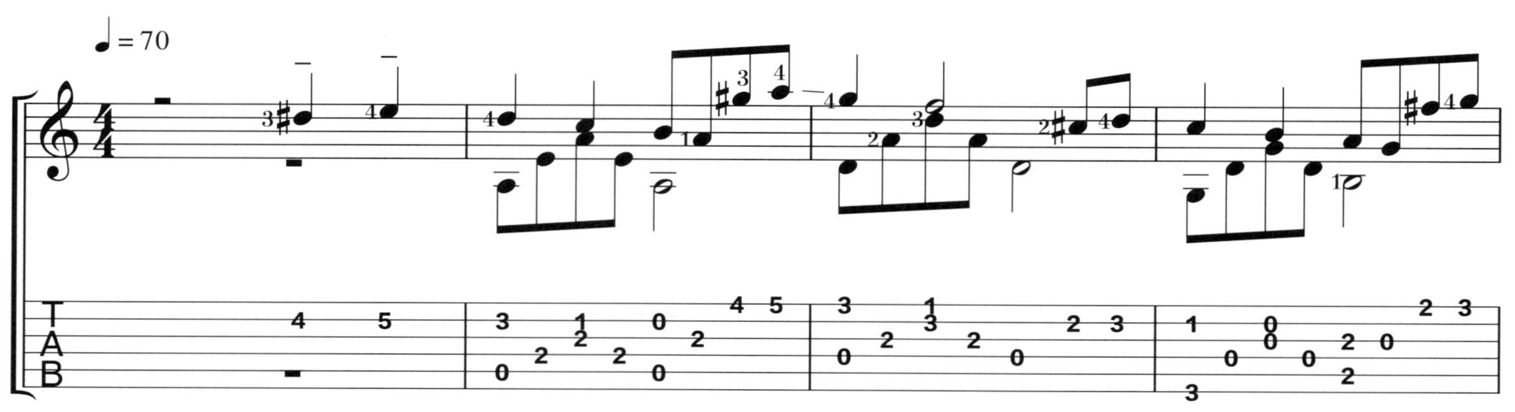

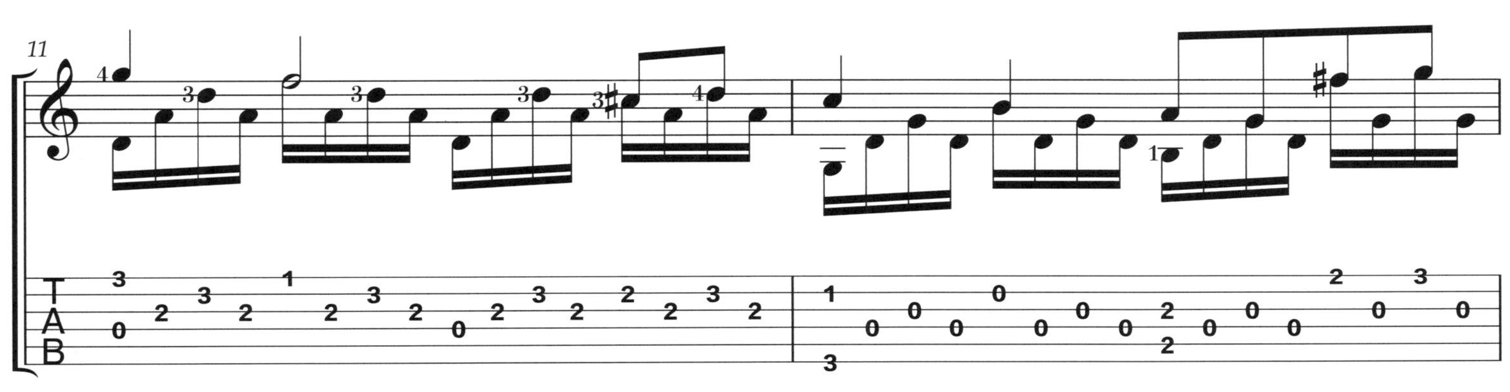

C.2
16

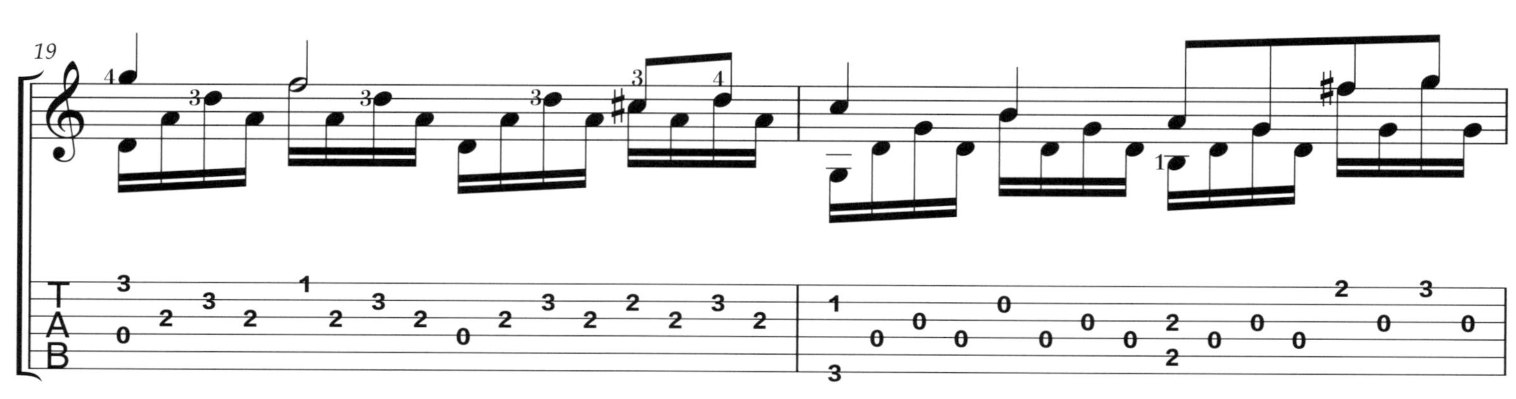

19

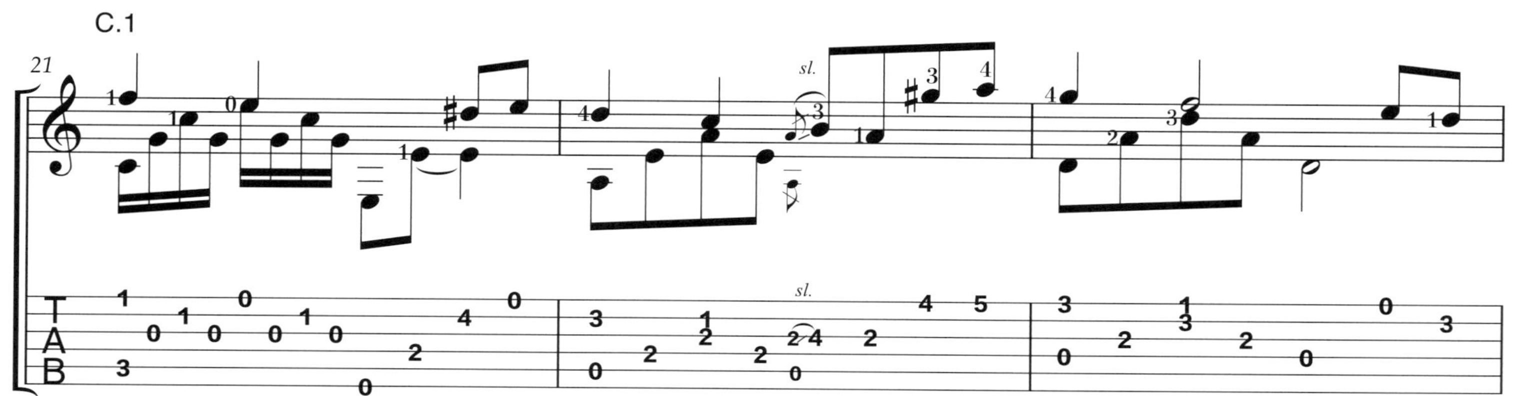

C.1
21

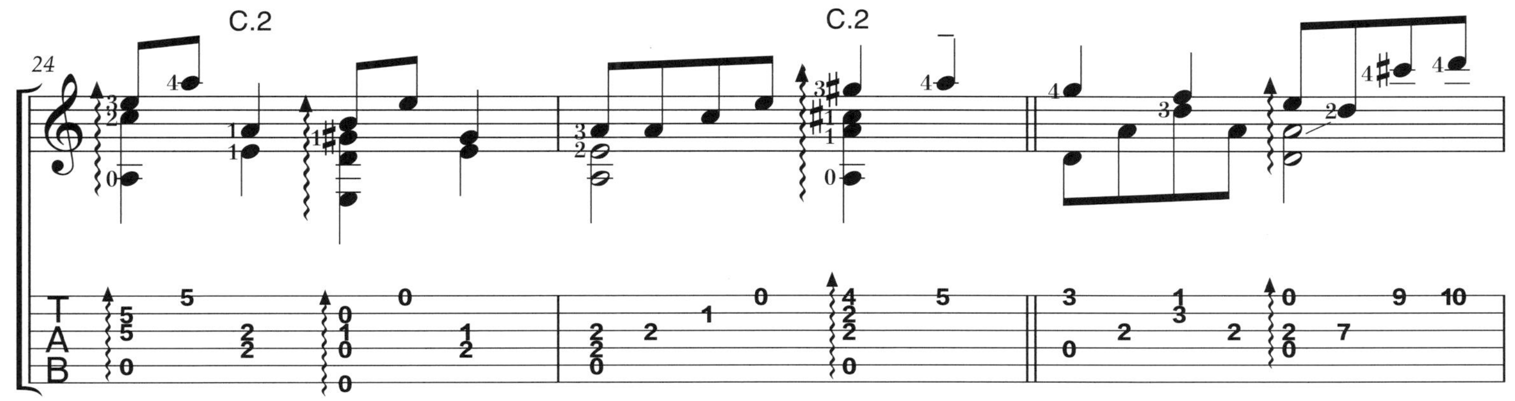
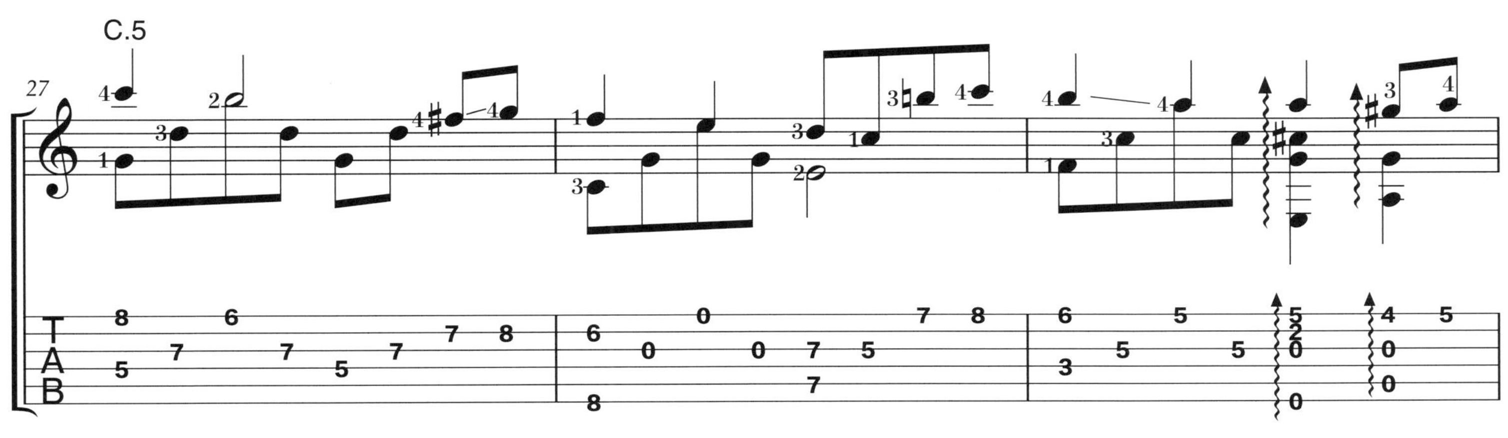
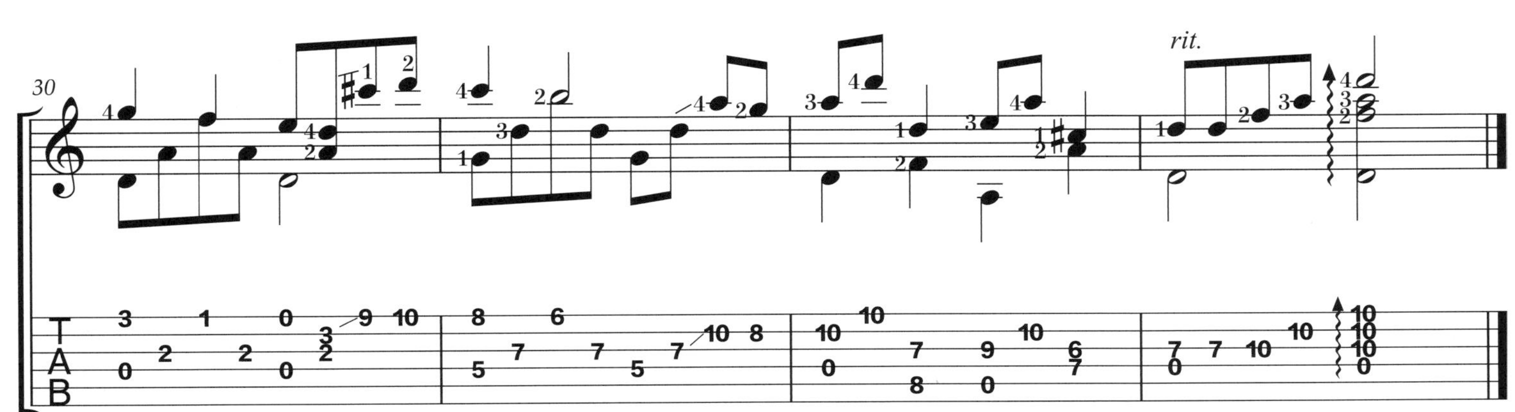

사랑하는 이에게

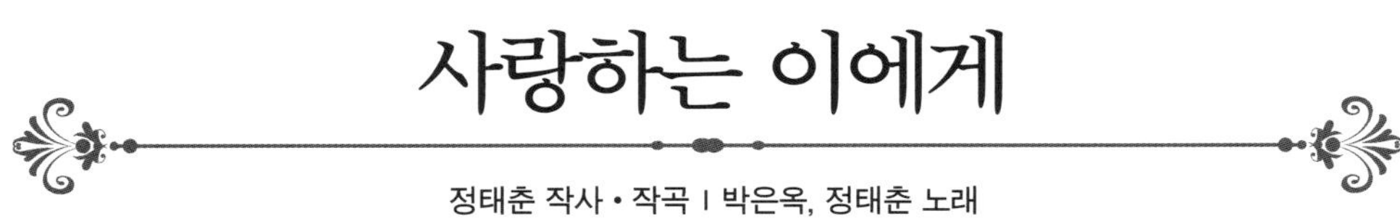

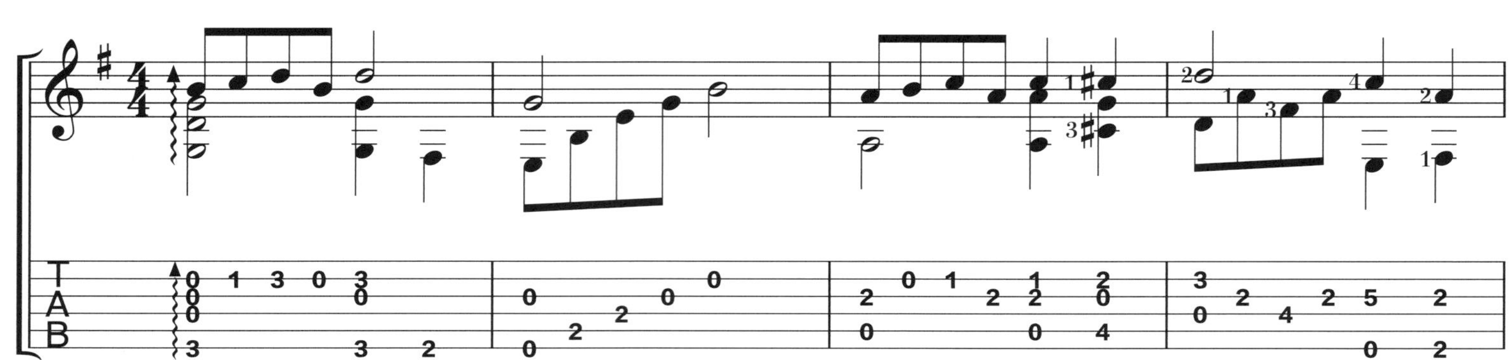

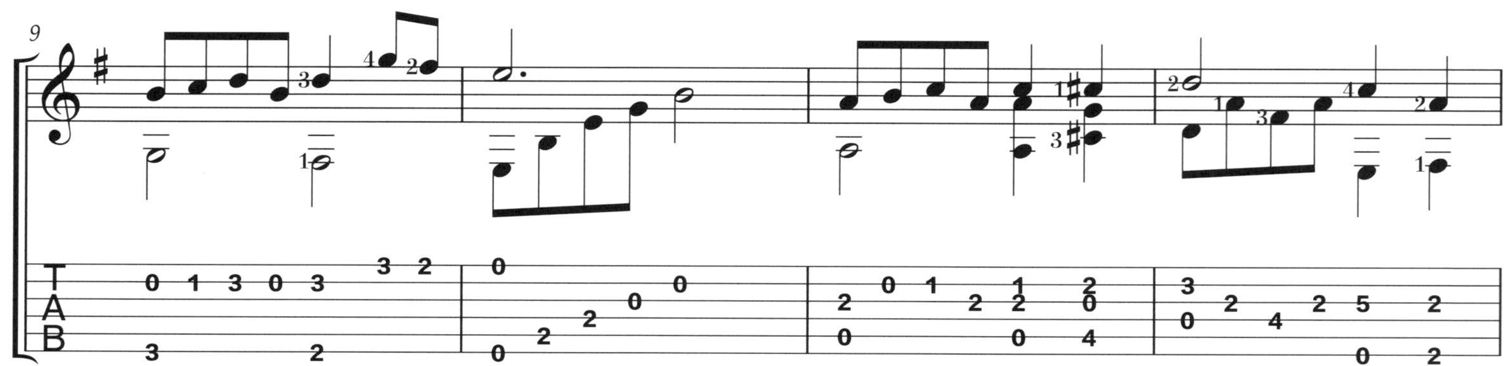

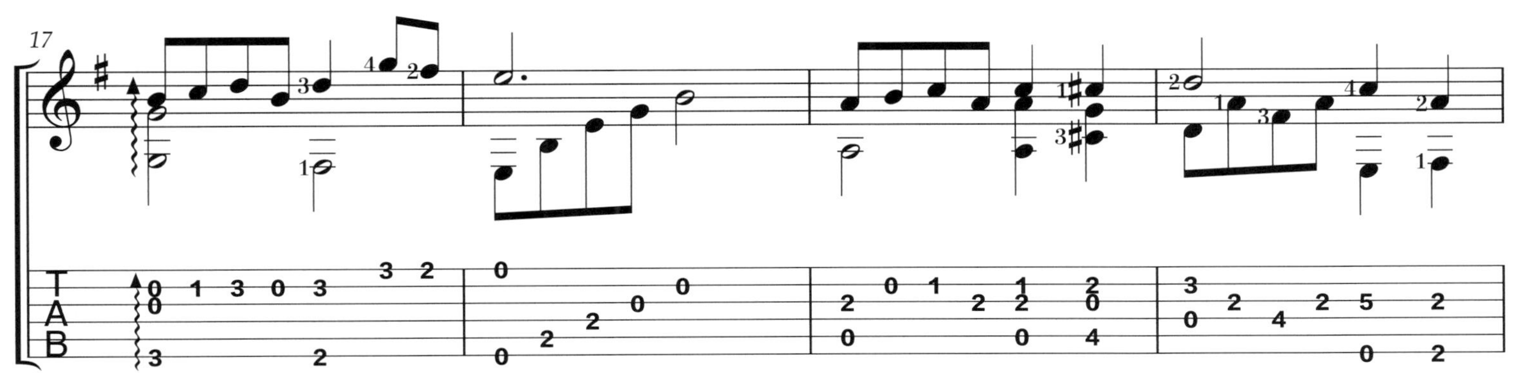

C.8

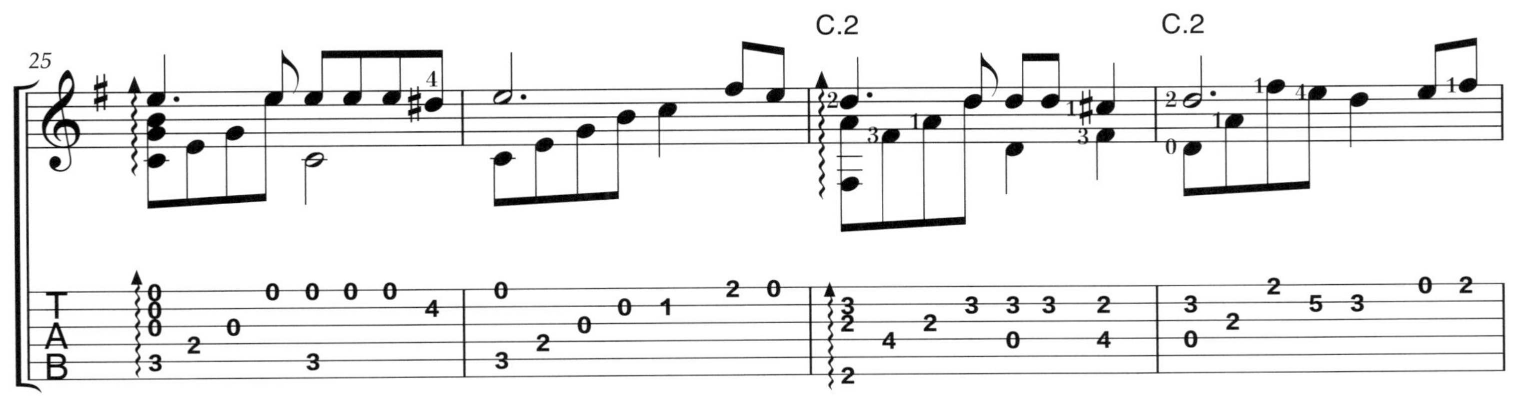
C.2
C.2

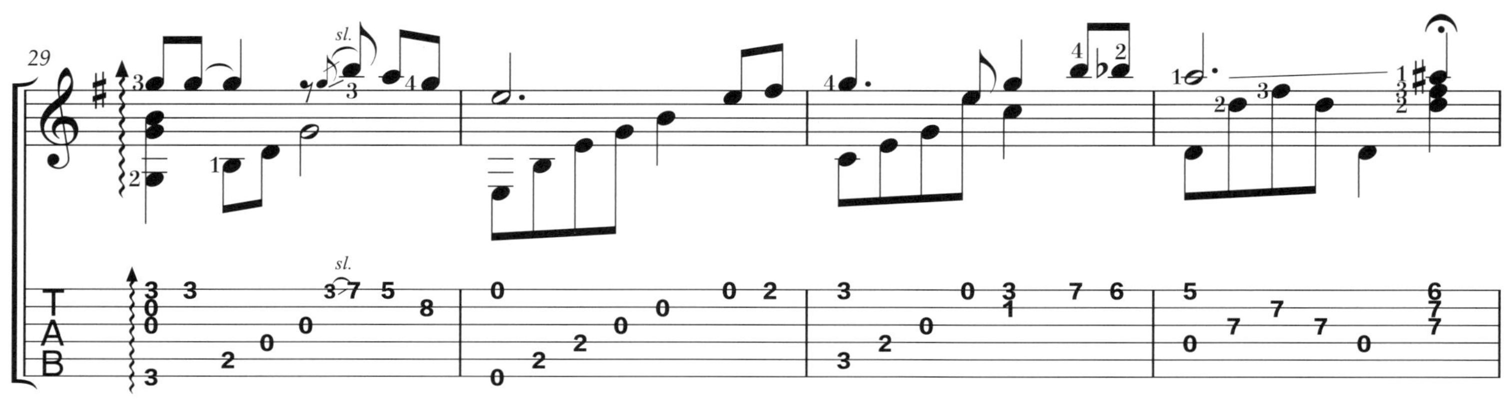

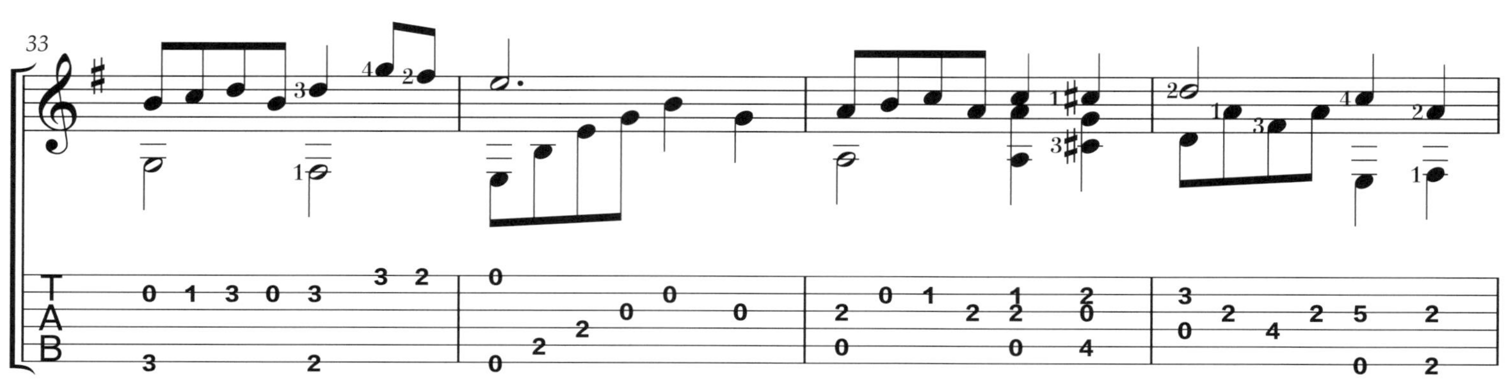

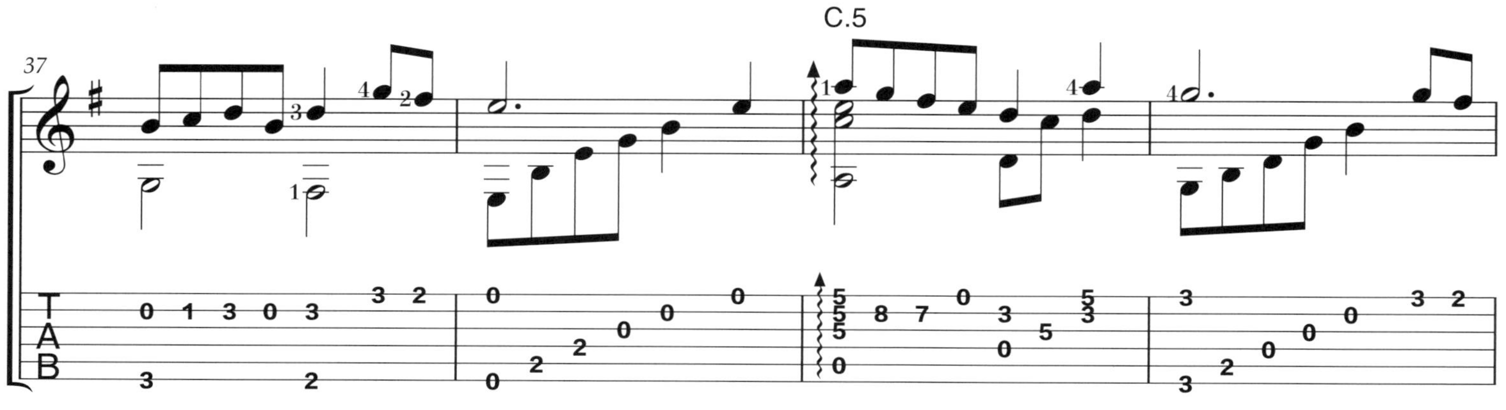

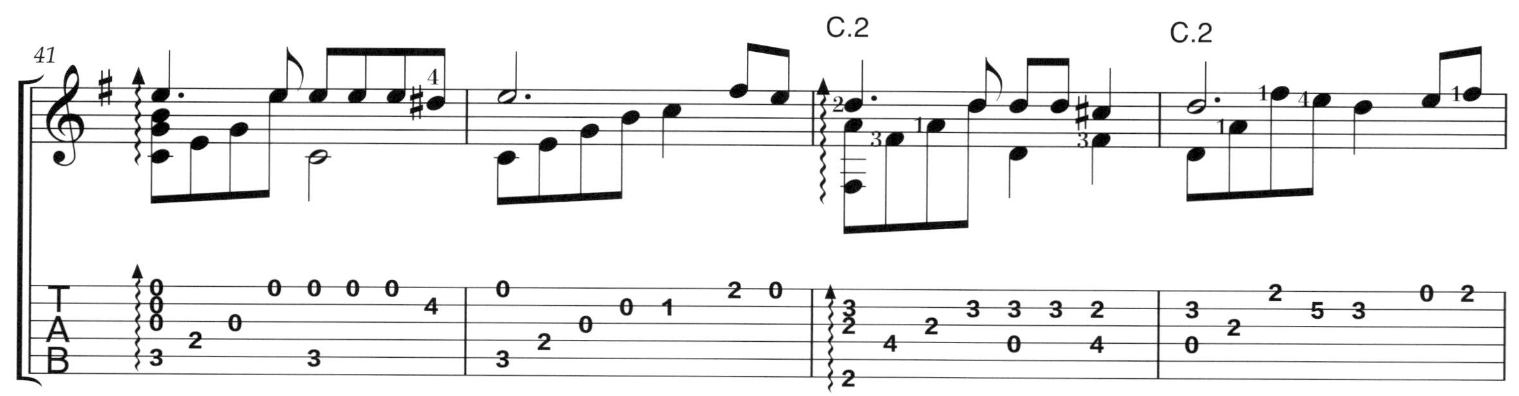

10월의 어느 멋진 날에

한경혜 작사 I 롤프 뢰블란트 작곡

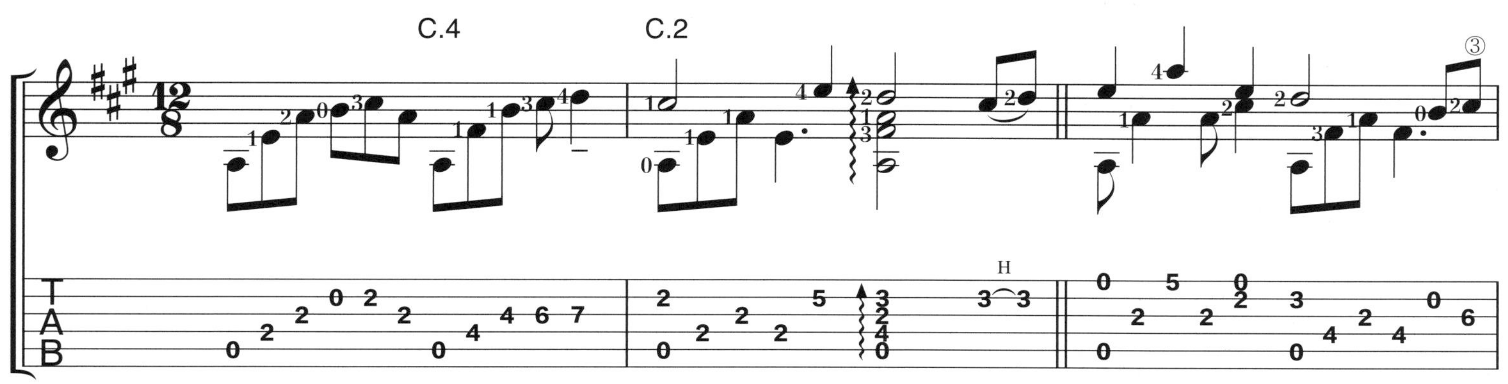

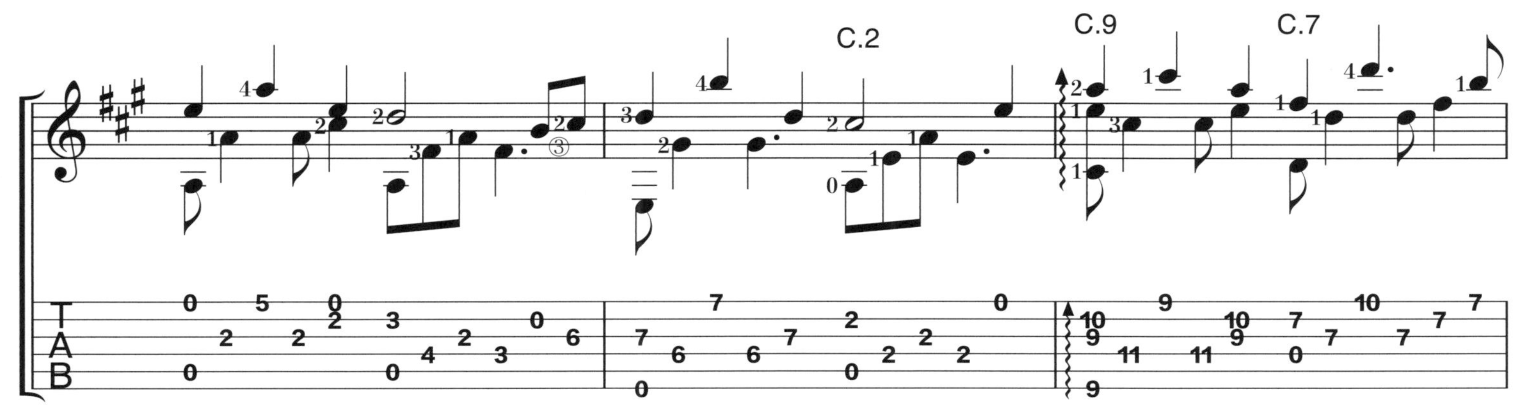

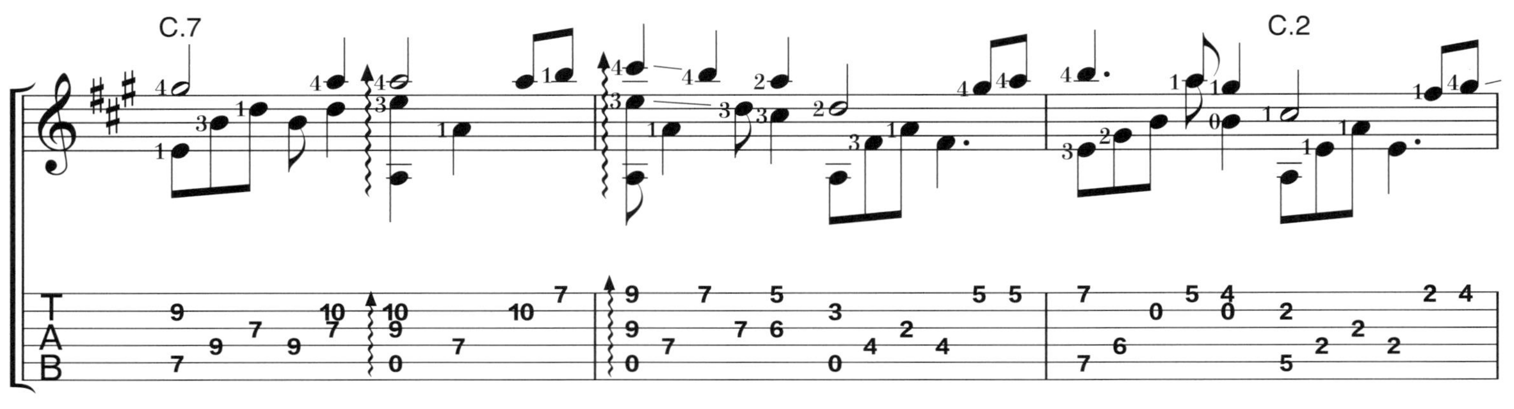

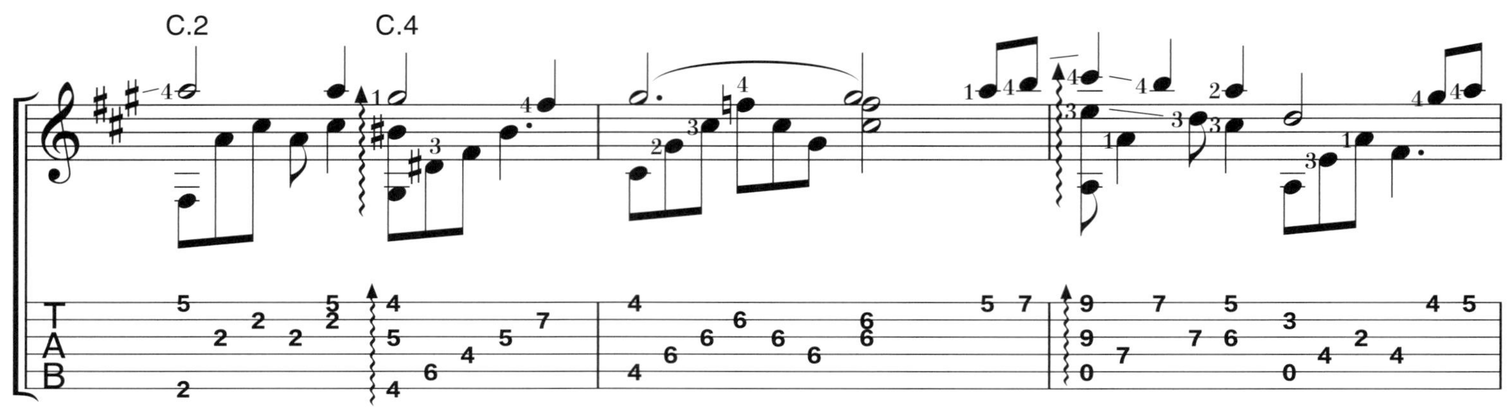

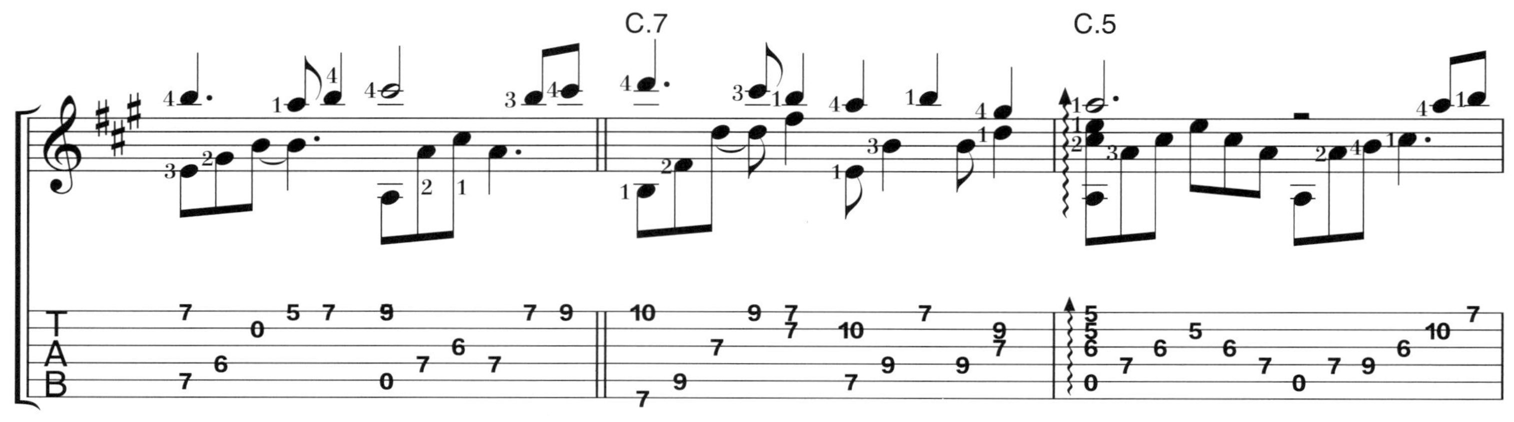

화이트 크리스마스

어빙 벌린 작사 · 작곡 I 빙 크로즈비 노래

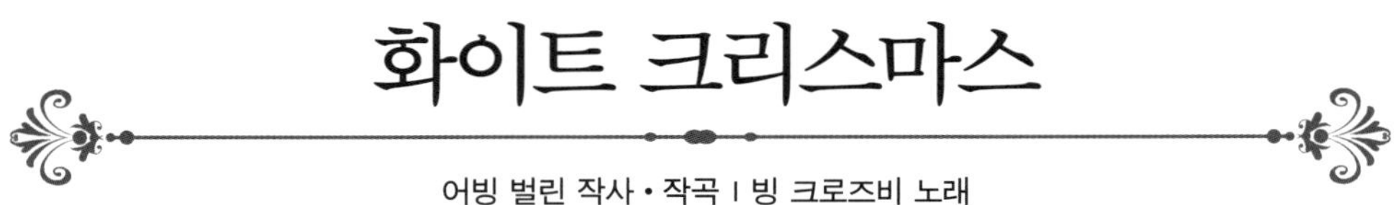

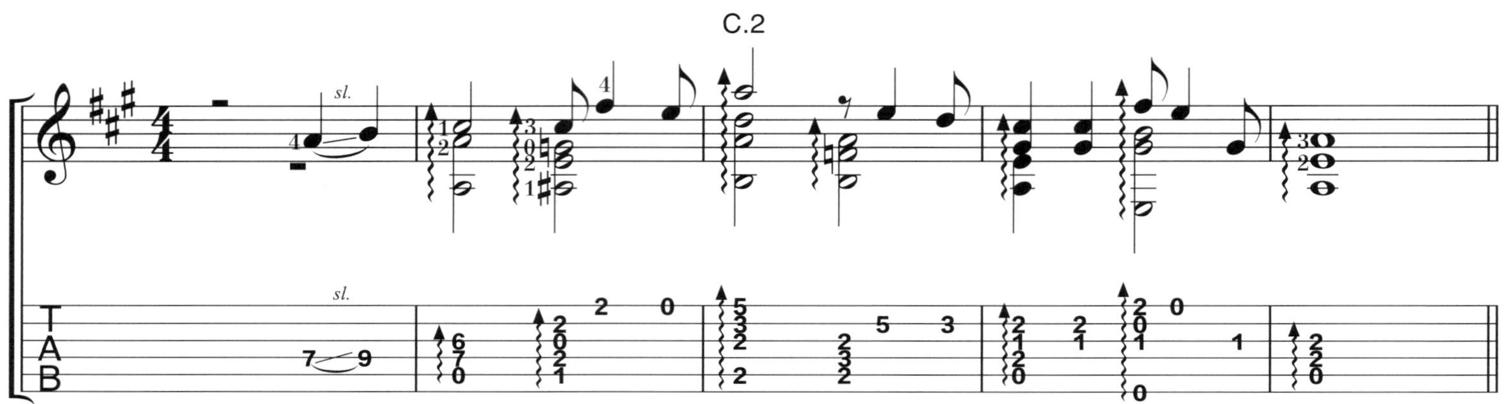

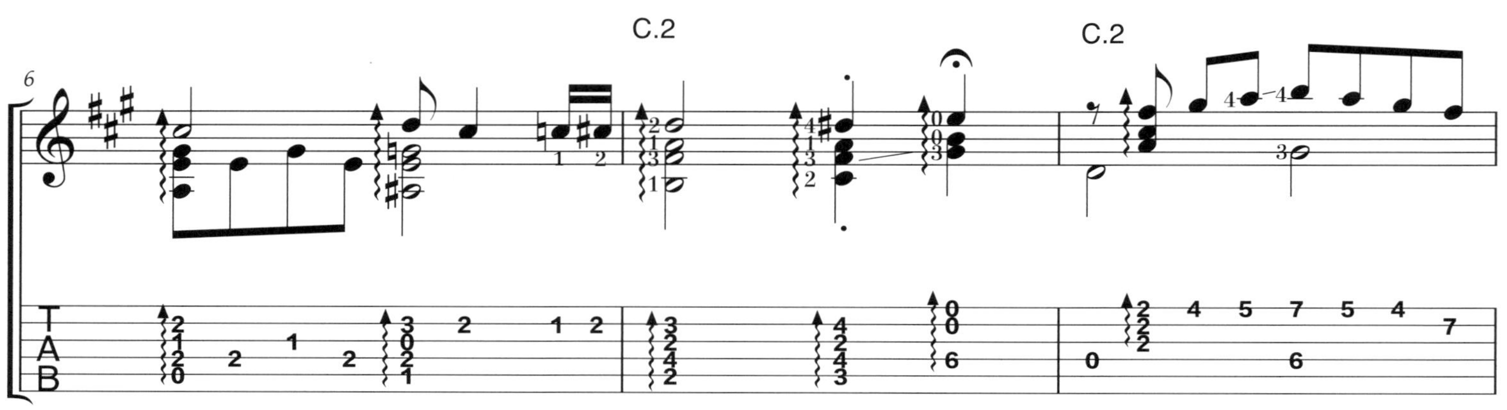

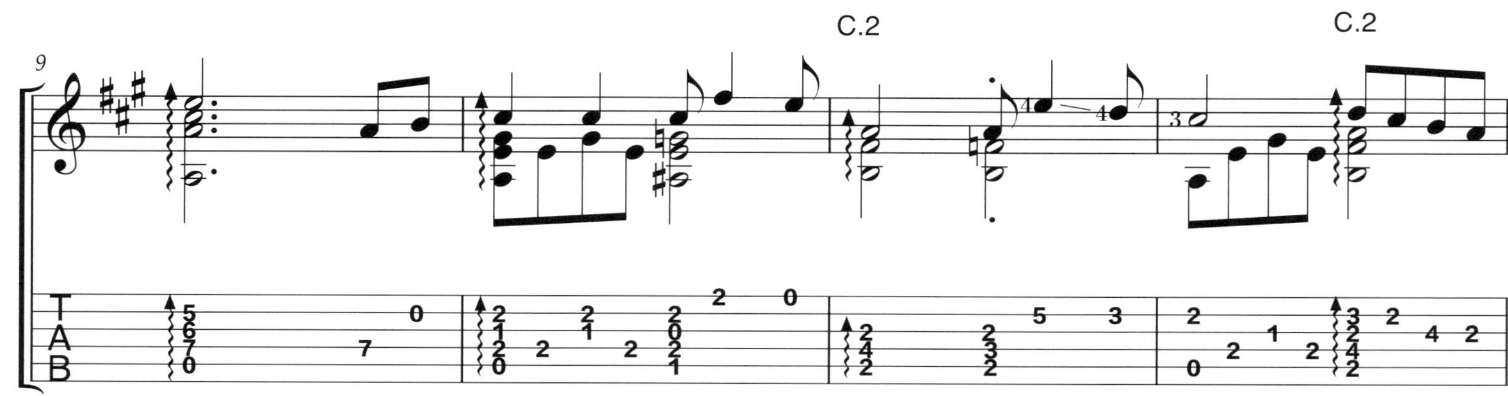

사랑으로

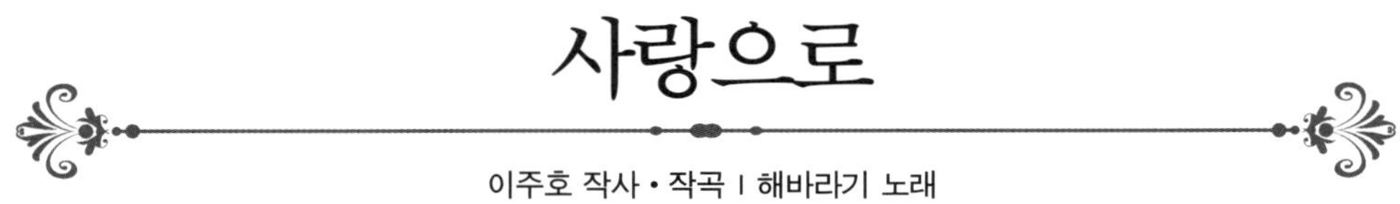

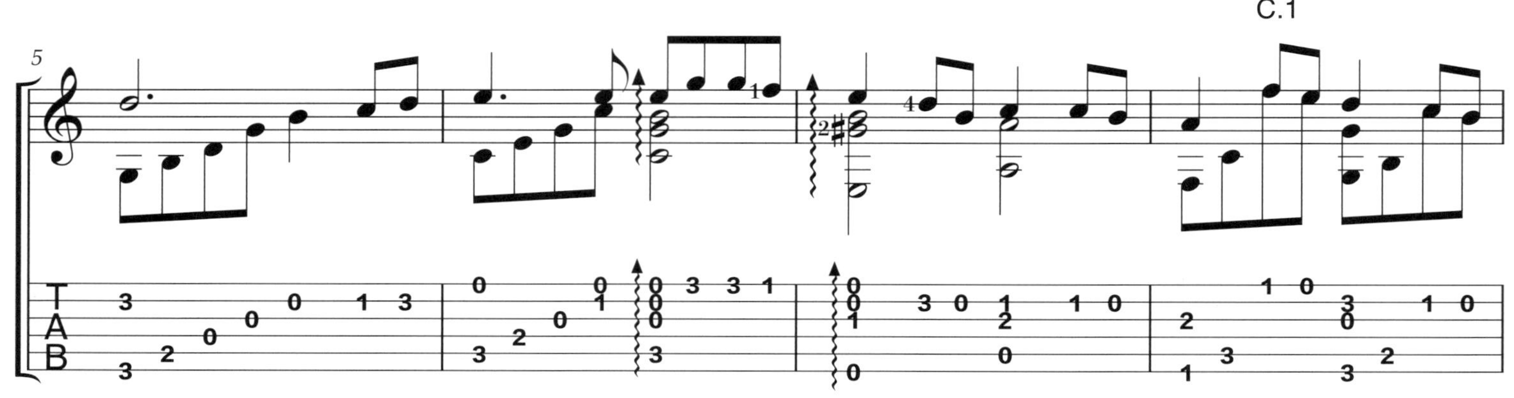

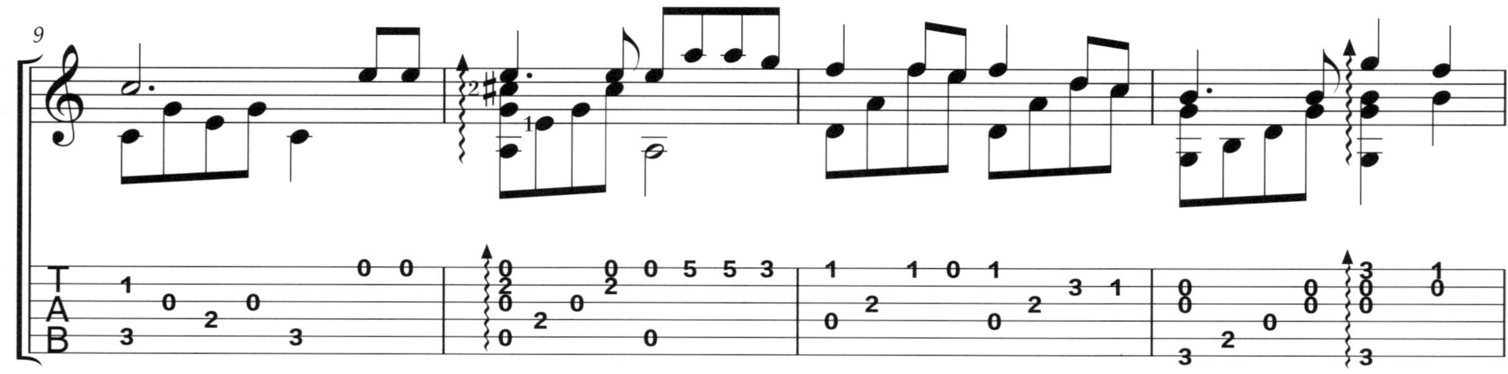

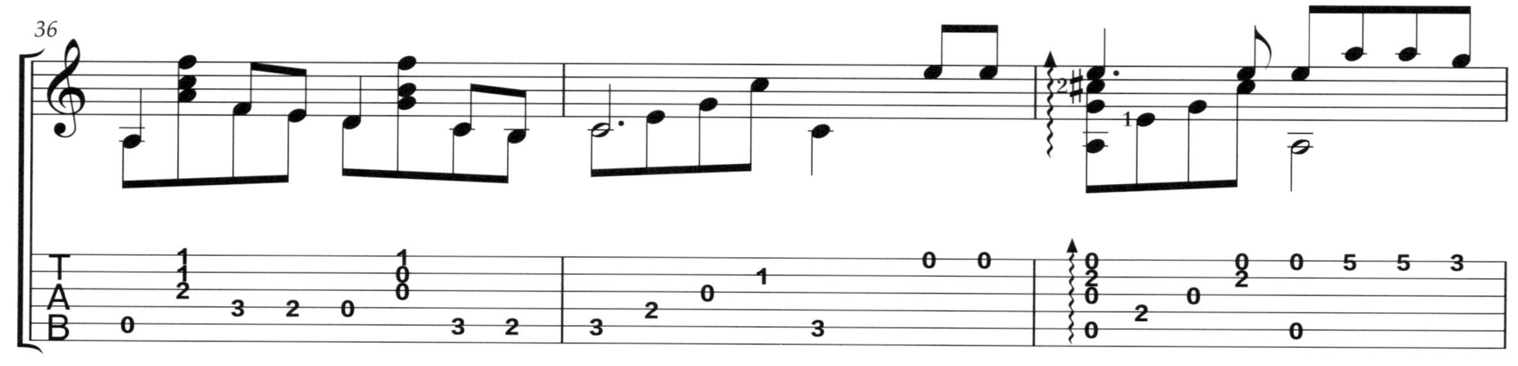

별을 세던 아이는

정원영 작곡

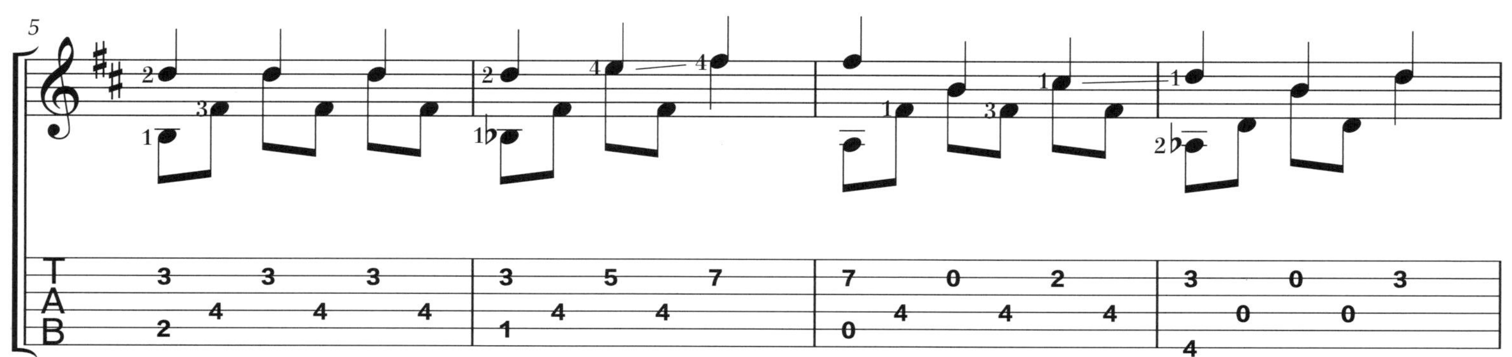

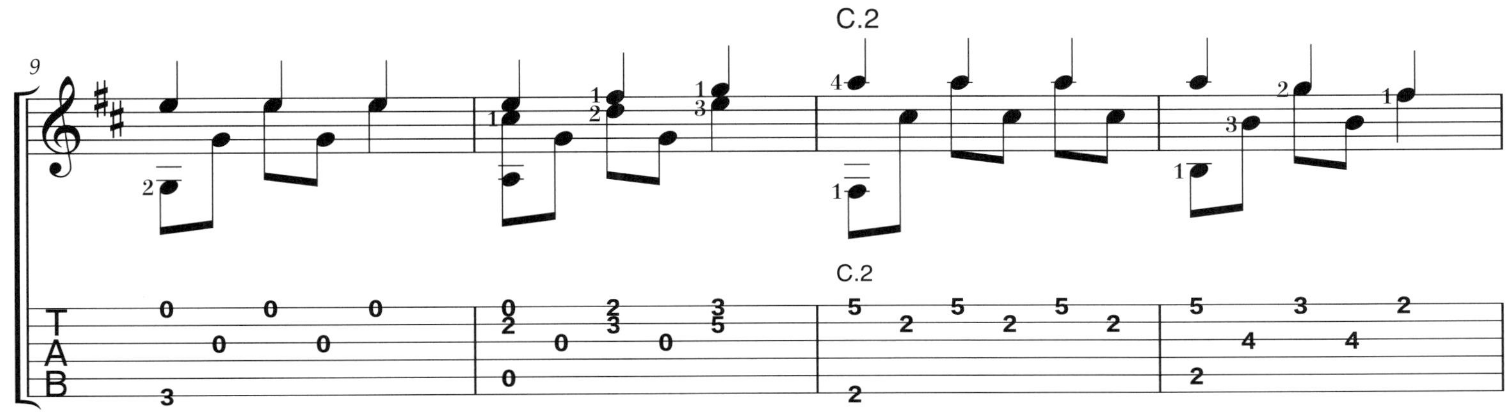
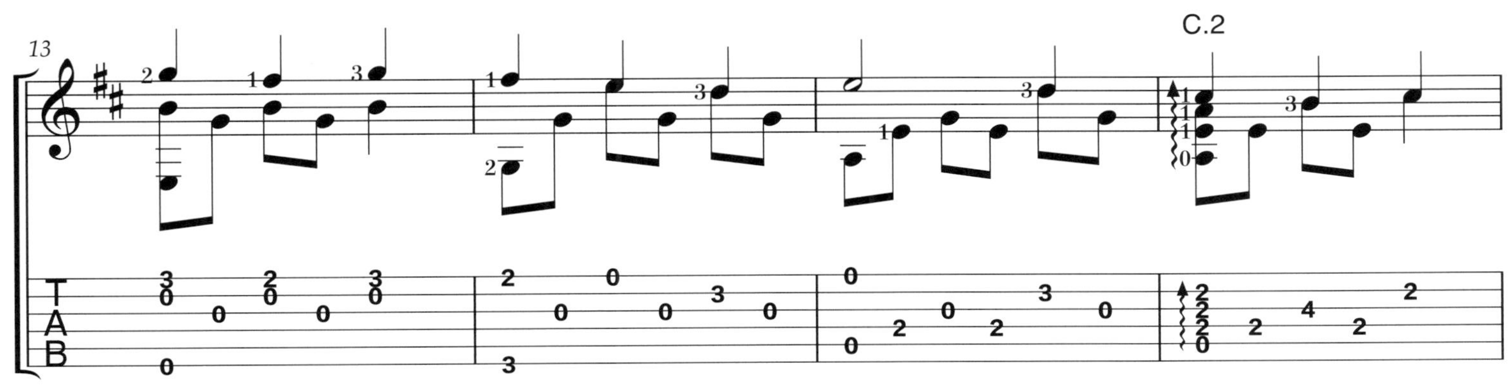

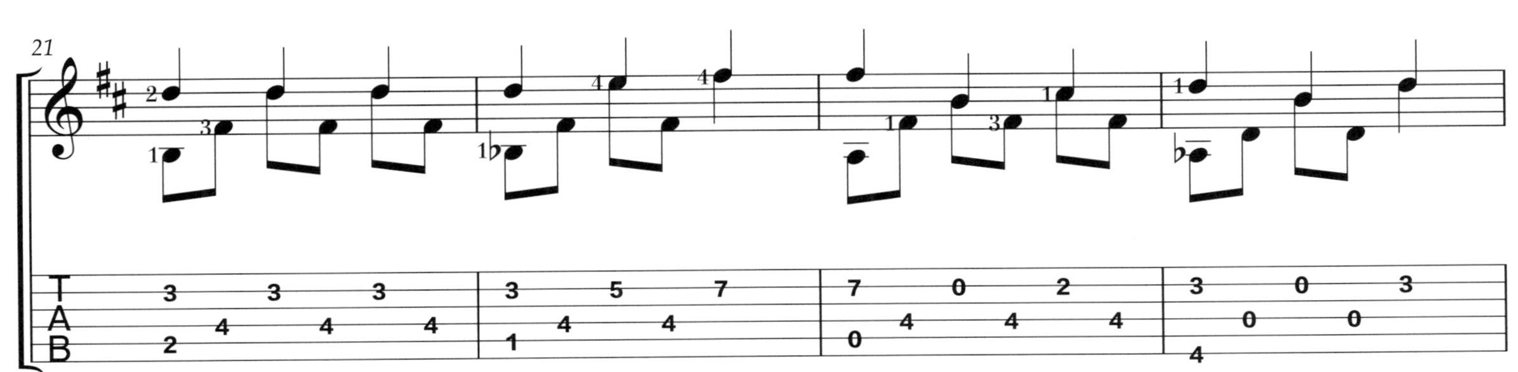

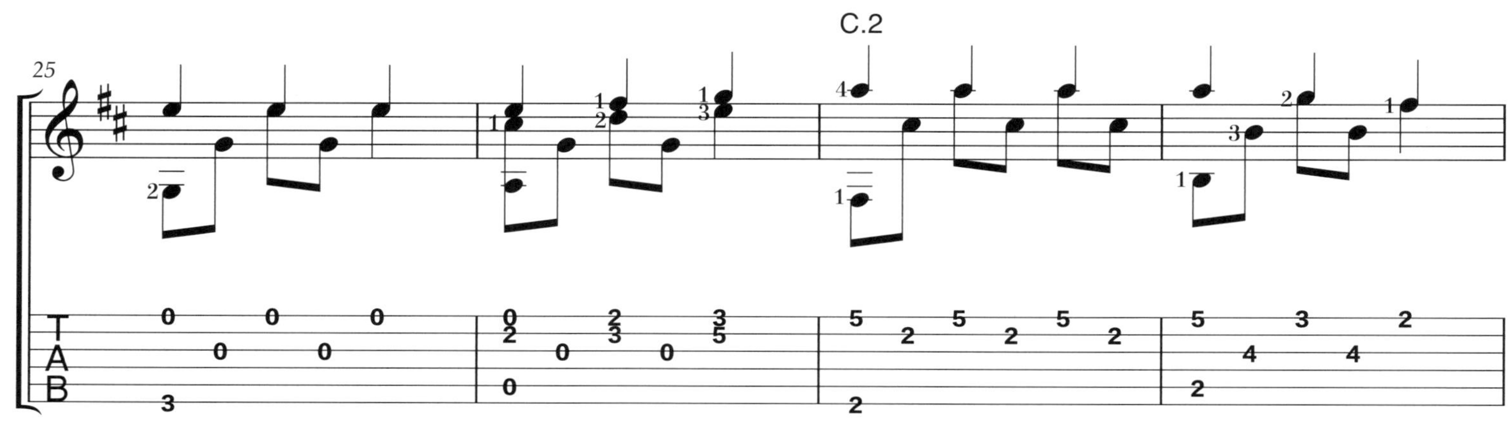

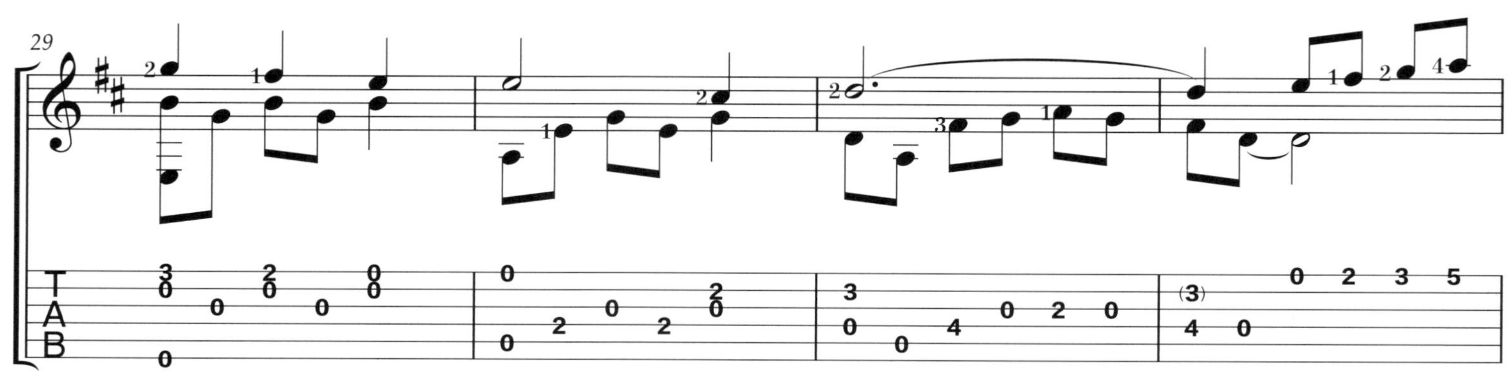

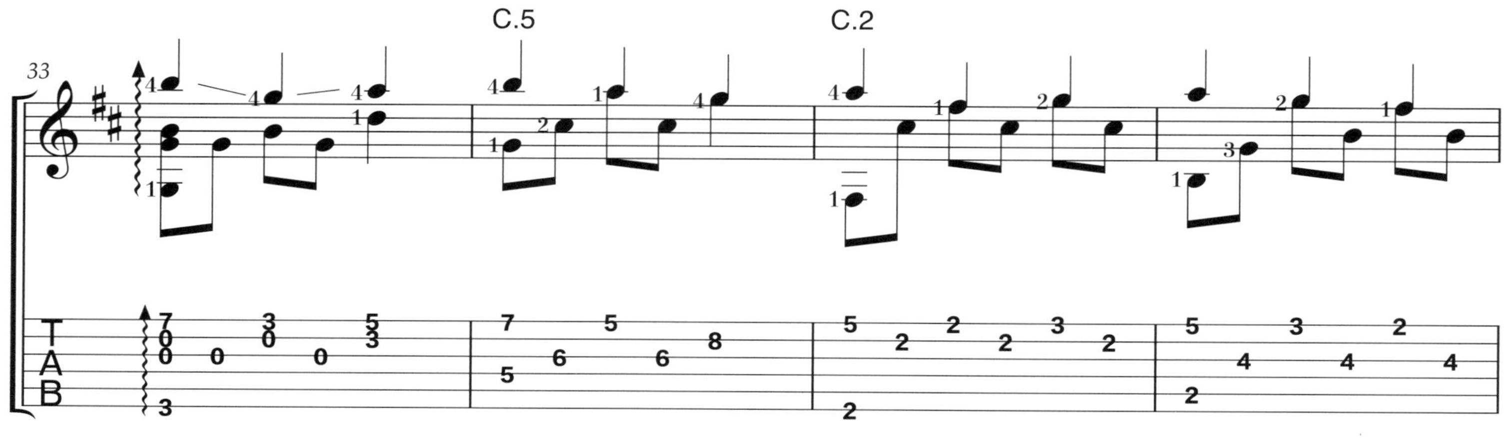

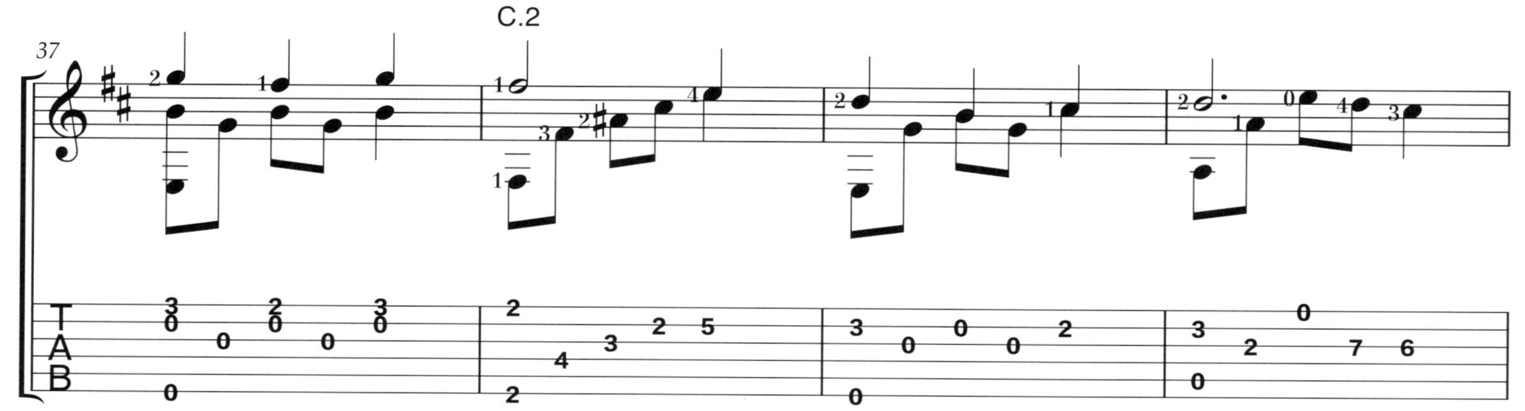

그 겨울의 찻집

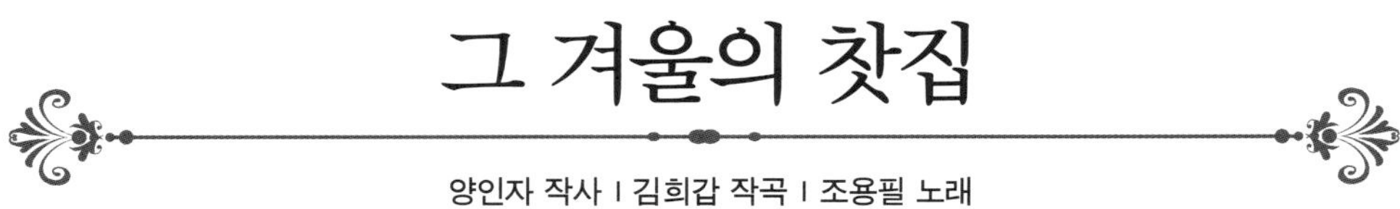

양인자 작사 ㅣ 김희갑 작곡 ㅣ 조용필 노래

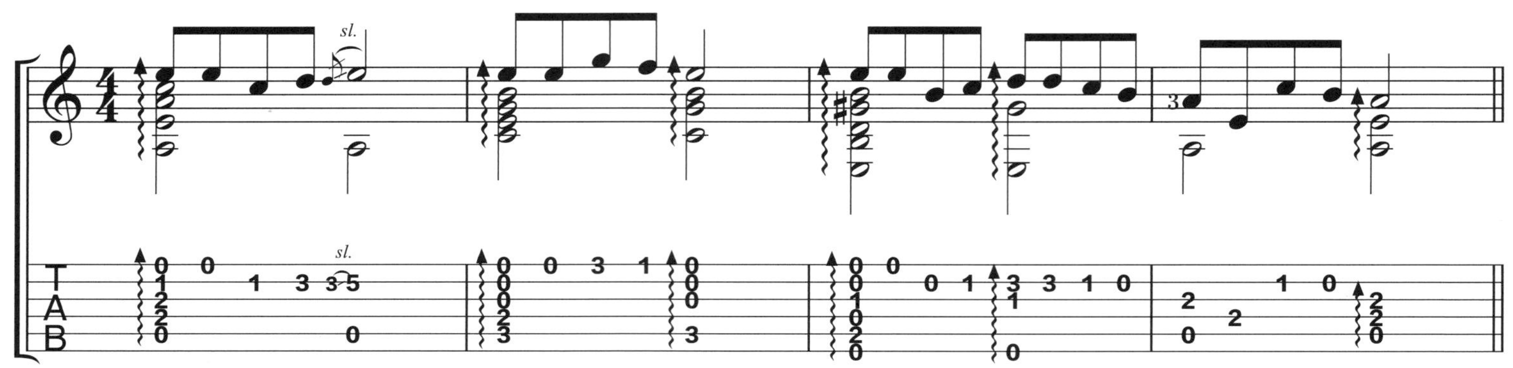

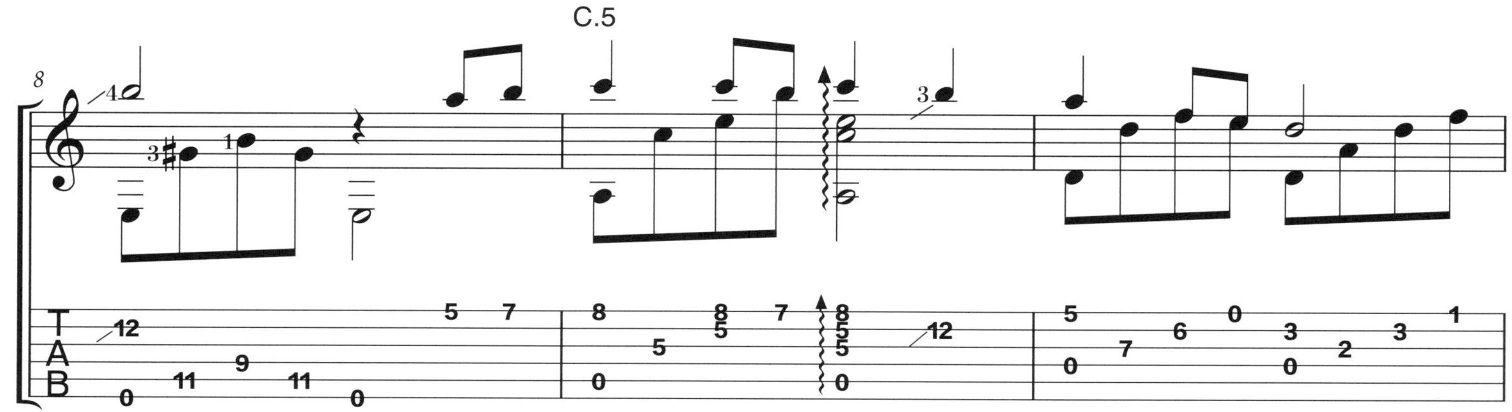

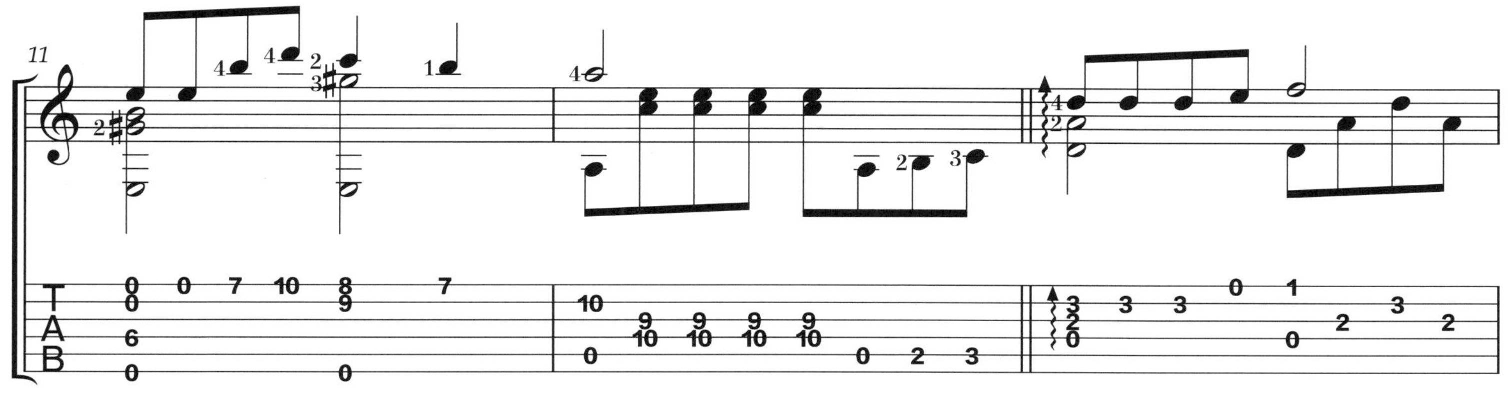
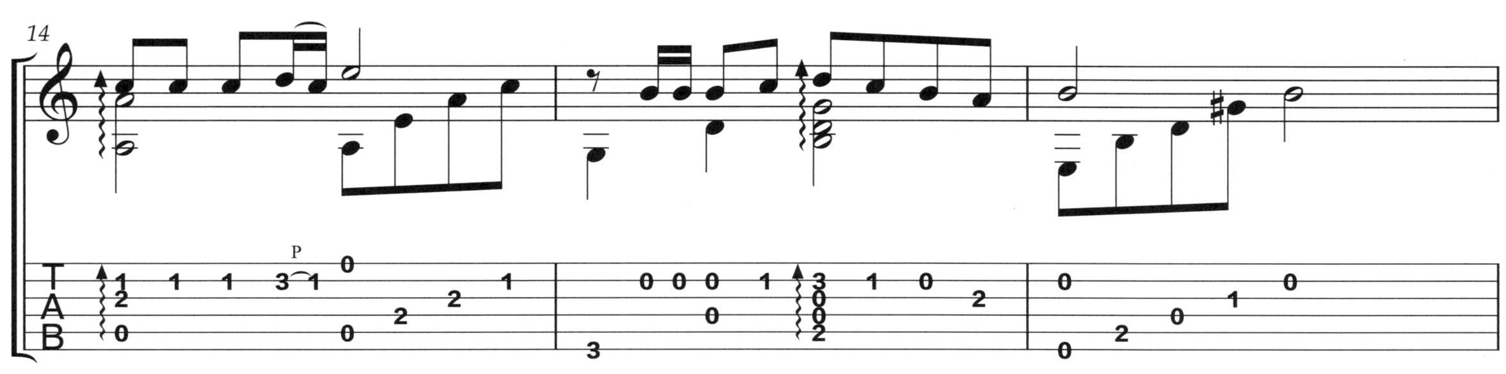
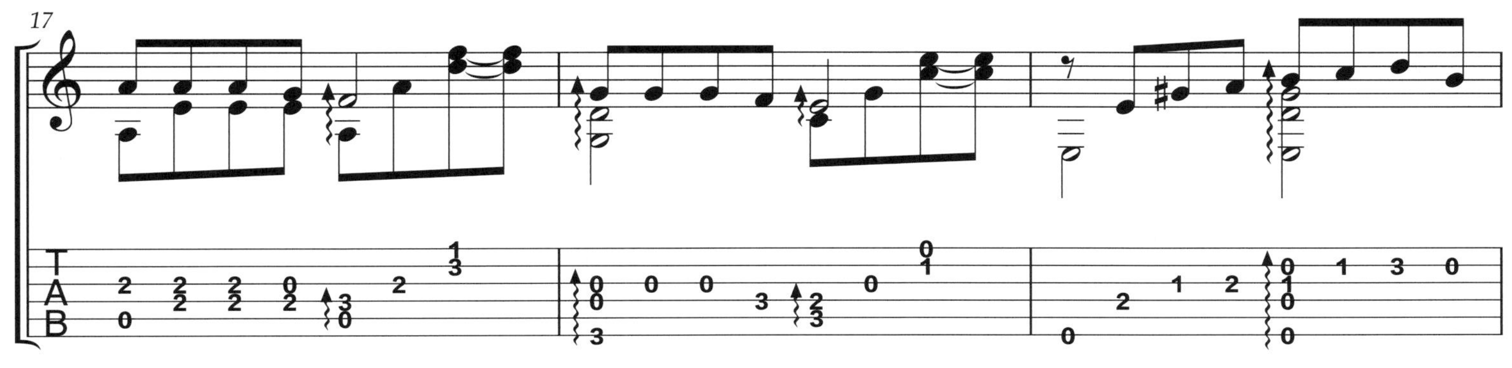
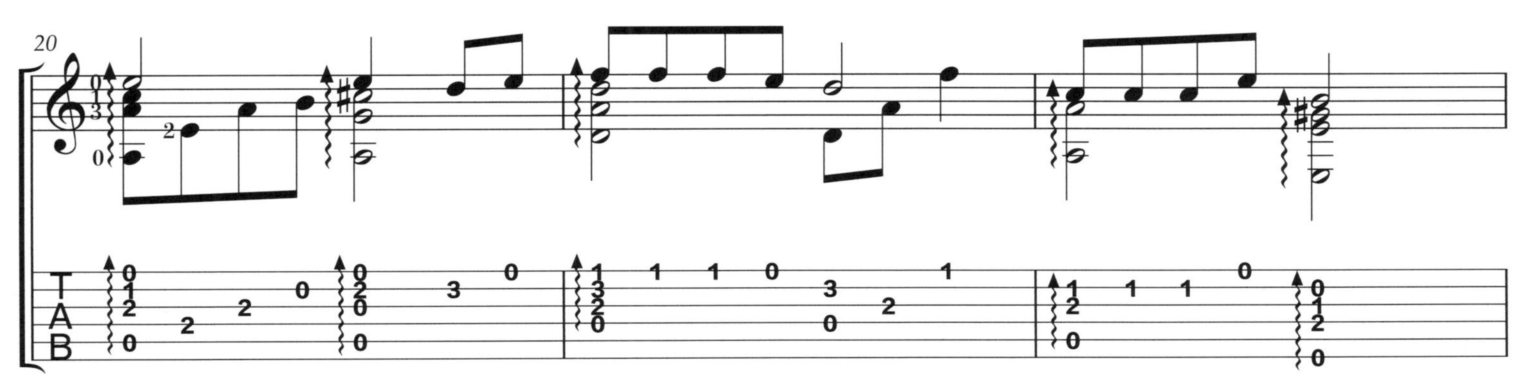

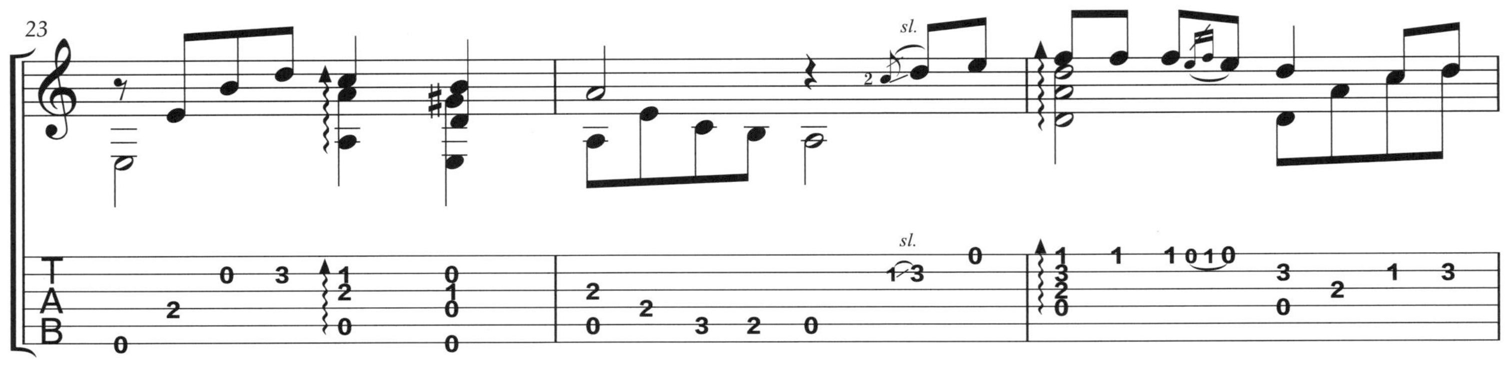

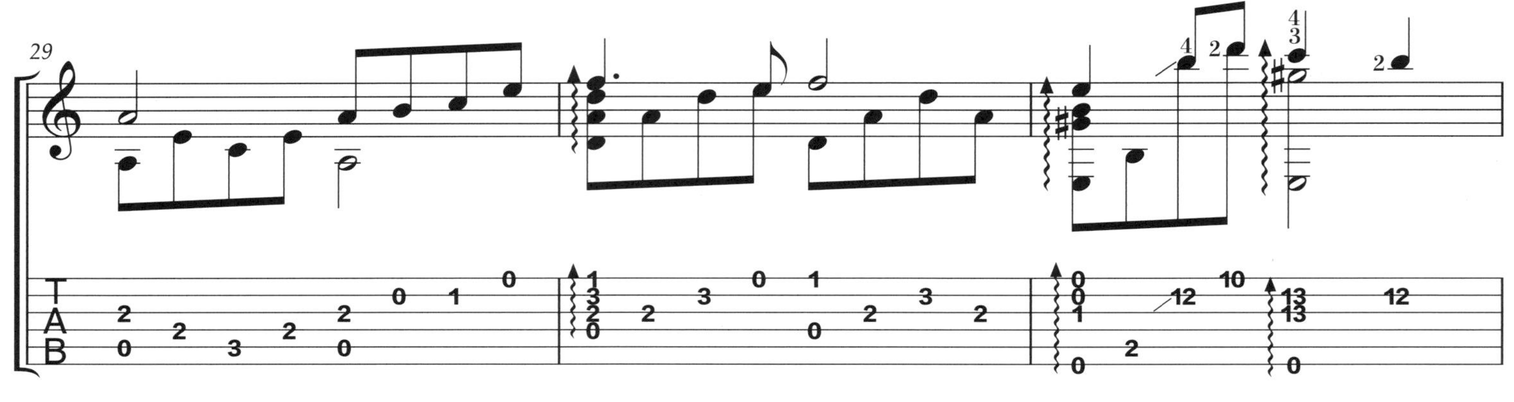
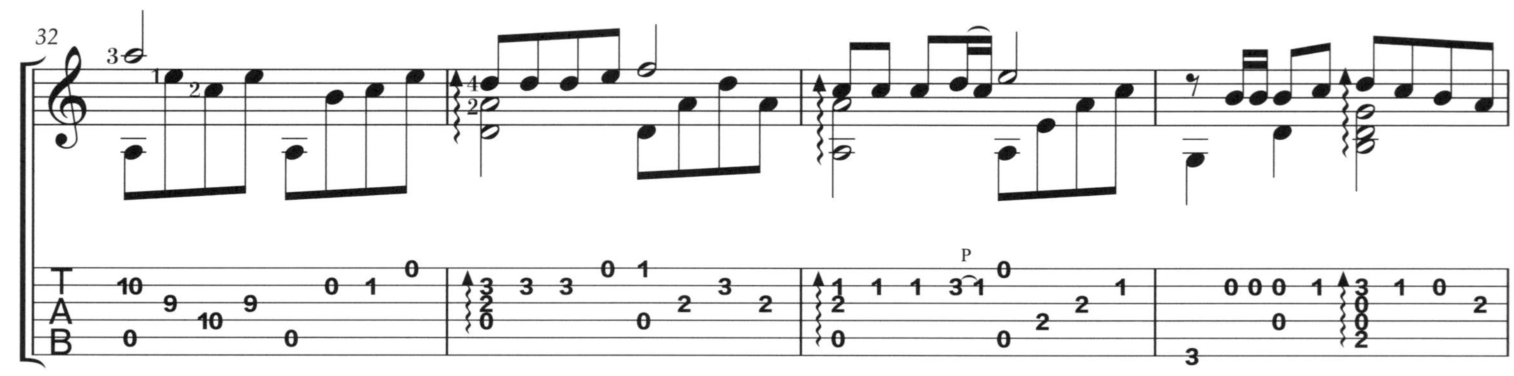

태극기 휘날리며

이동준 작곡

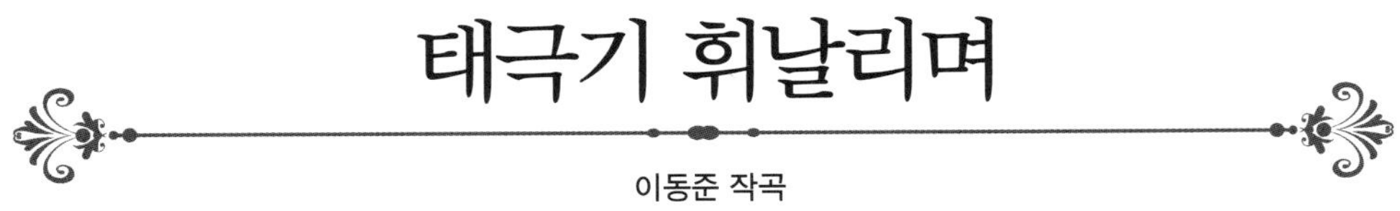

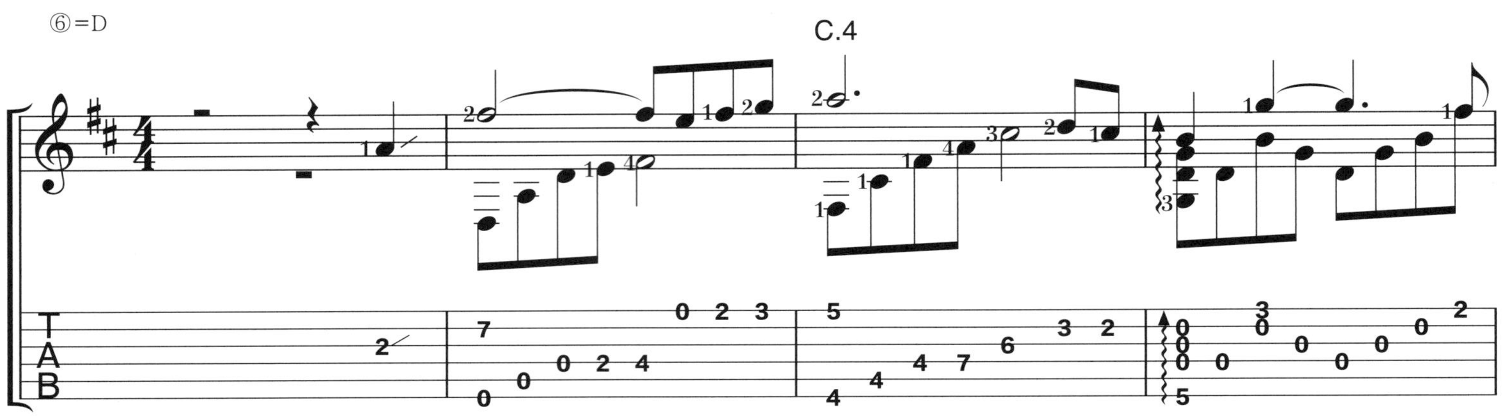

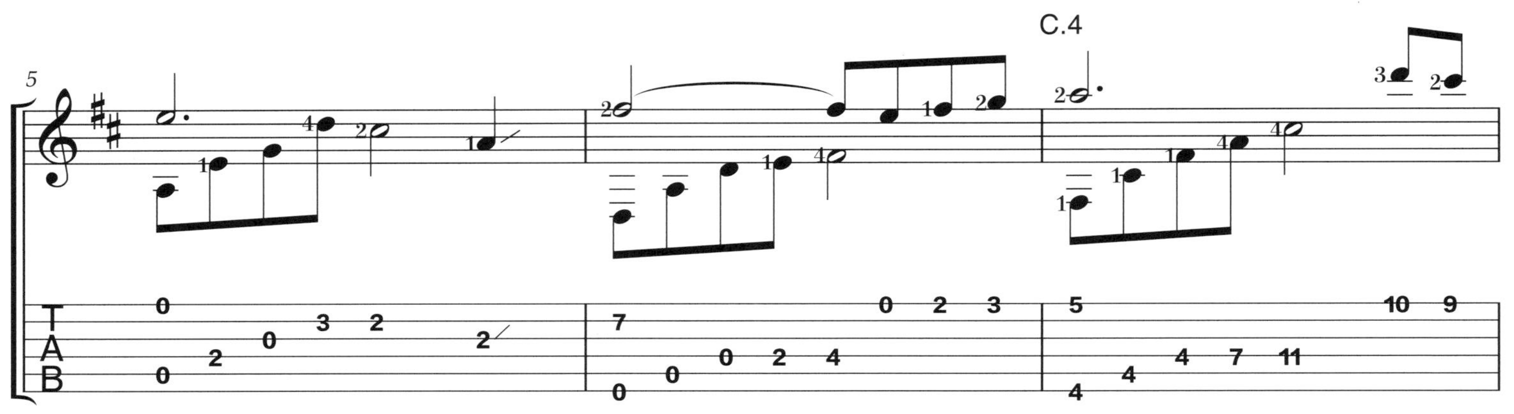

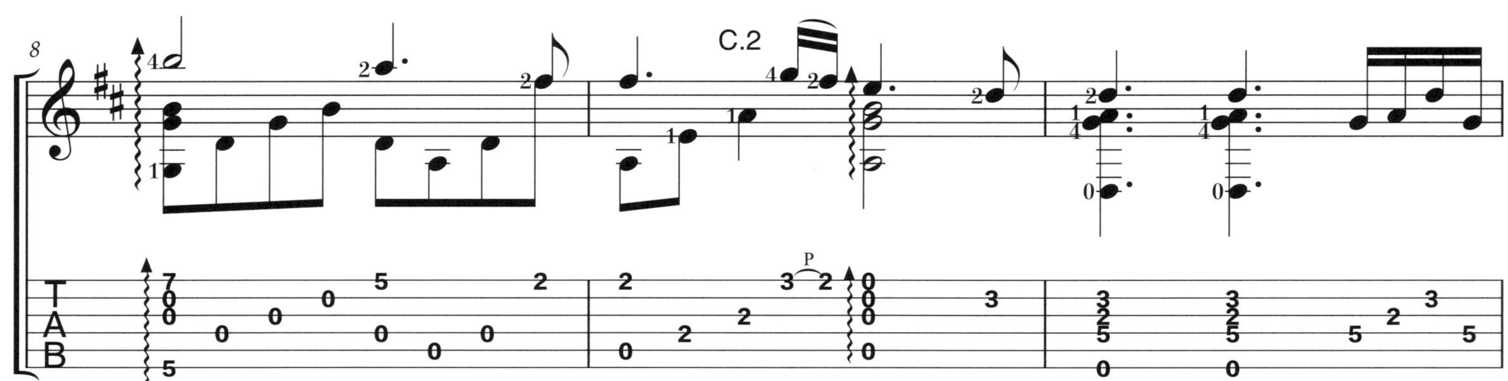

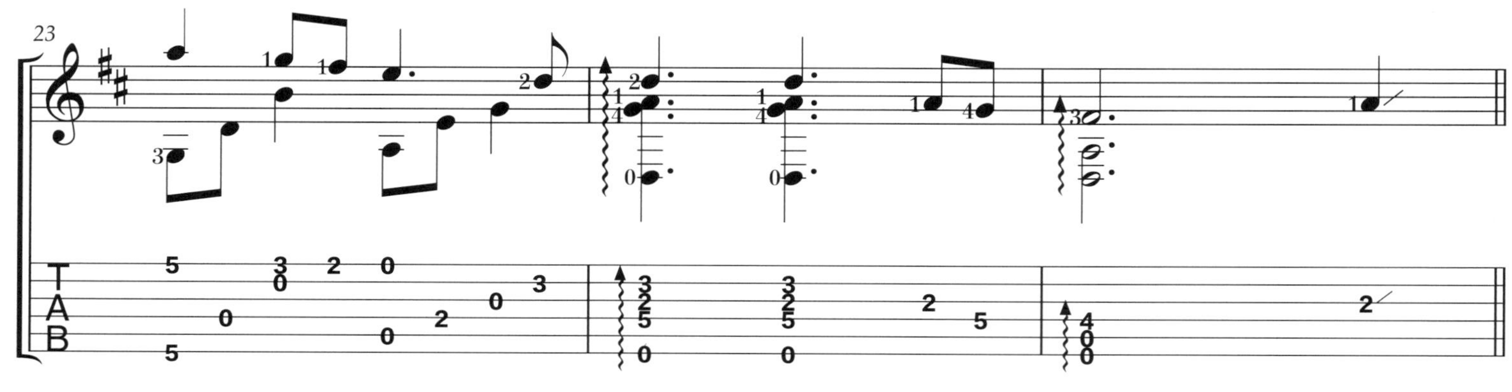
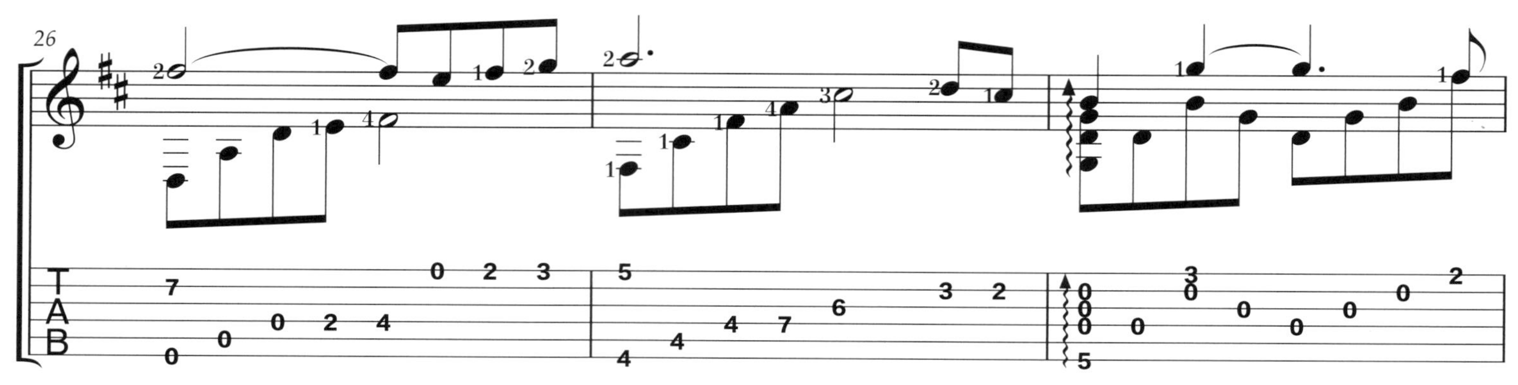
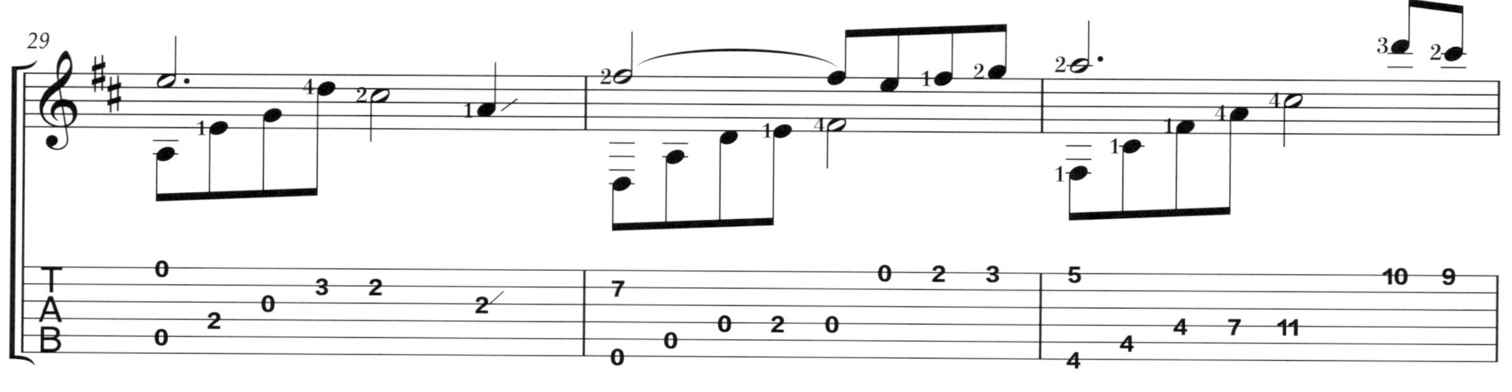
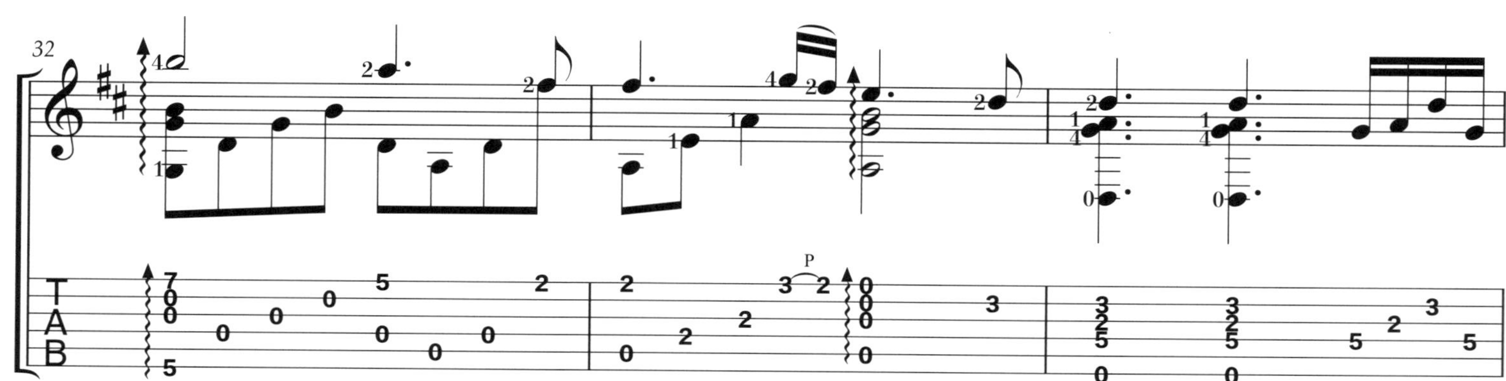

사랑의 찬가

에디트 피아프 작사 I 마거리트 모노 작곡 I 에디트 피아프 노래

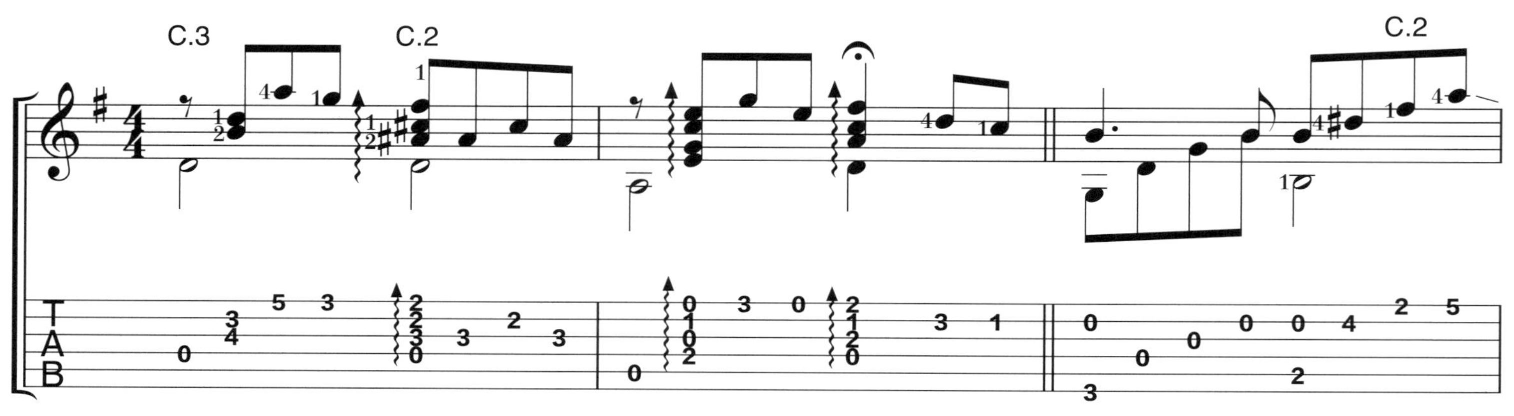

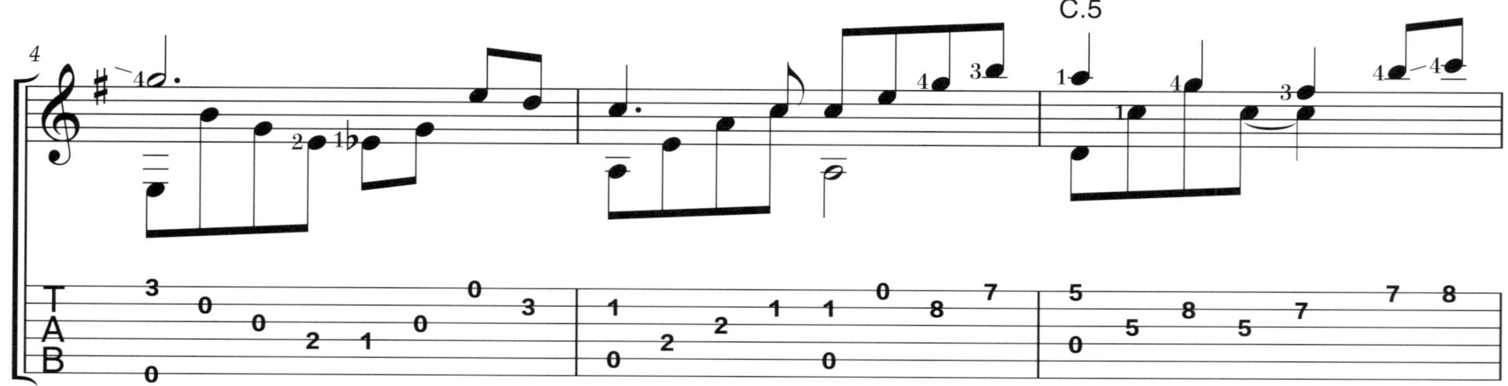

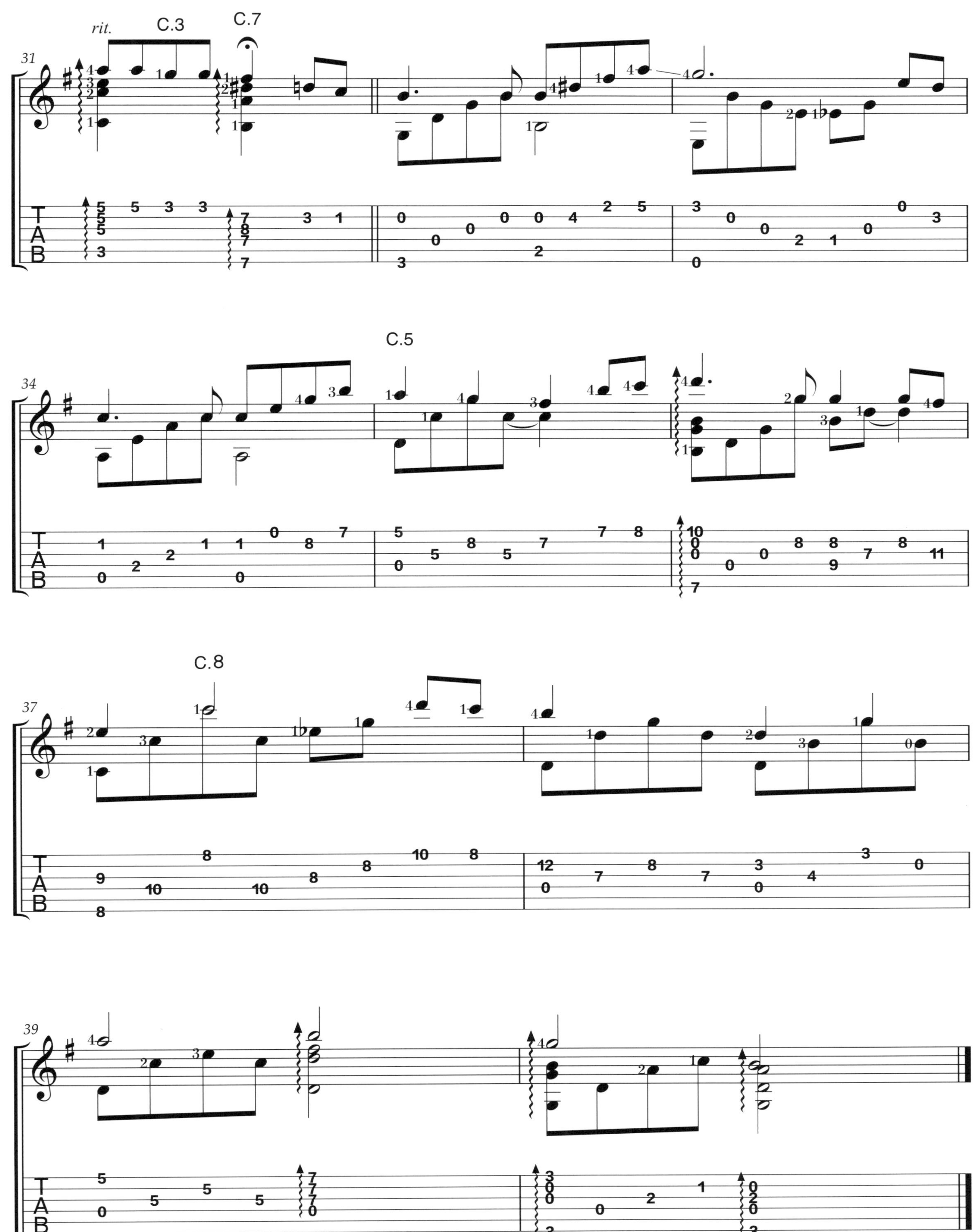

예스터데이

존 레논, 폴 메카트니 작사 · 작곡 | 비틀스 노래

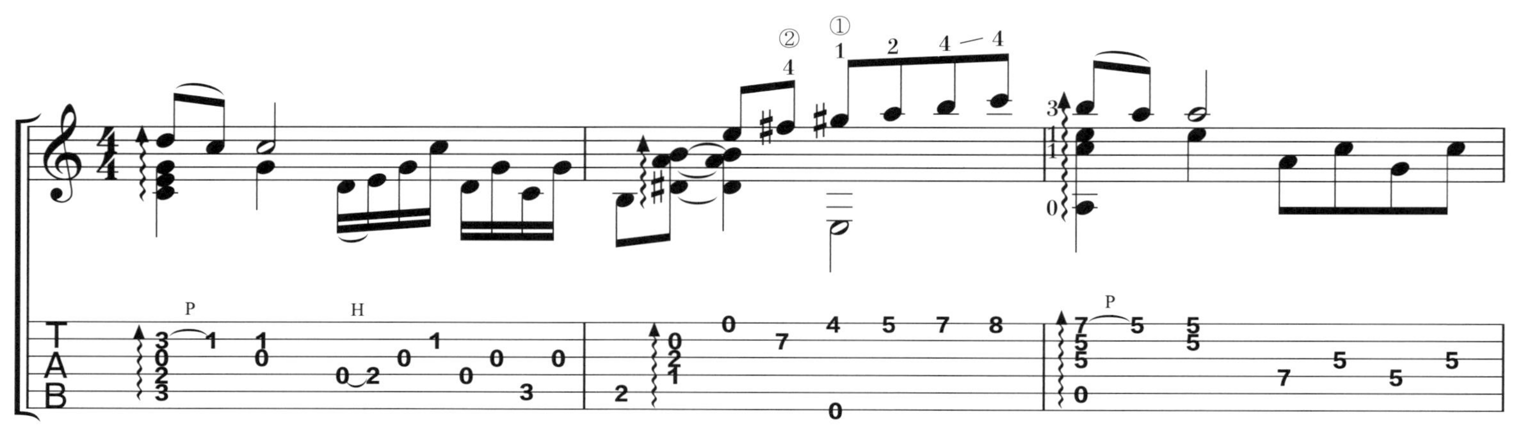

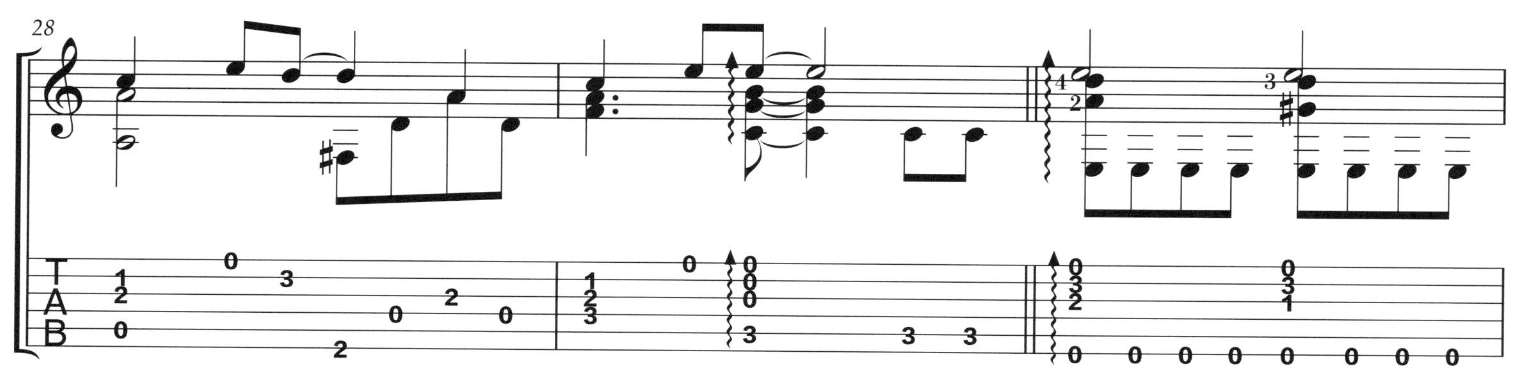

사랑의 미로

지명길 작사 I 김희갑 작곡 I 최진희 노래

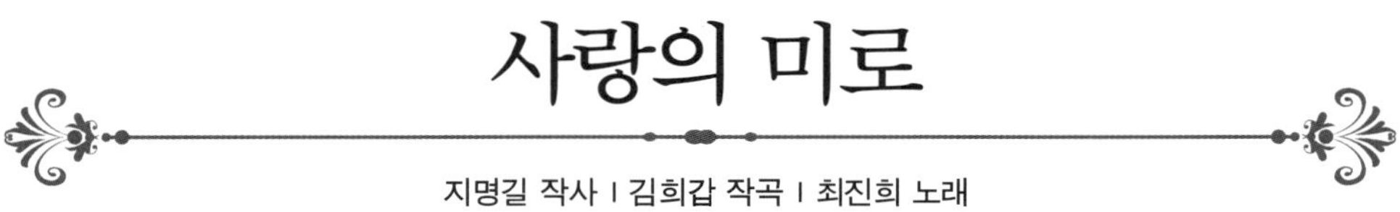

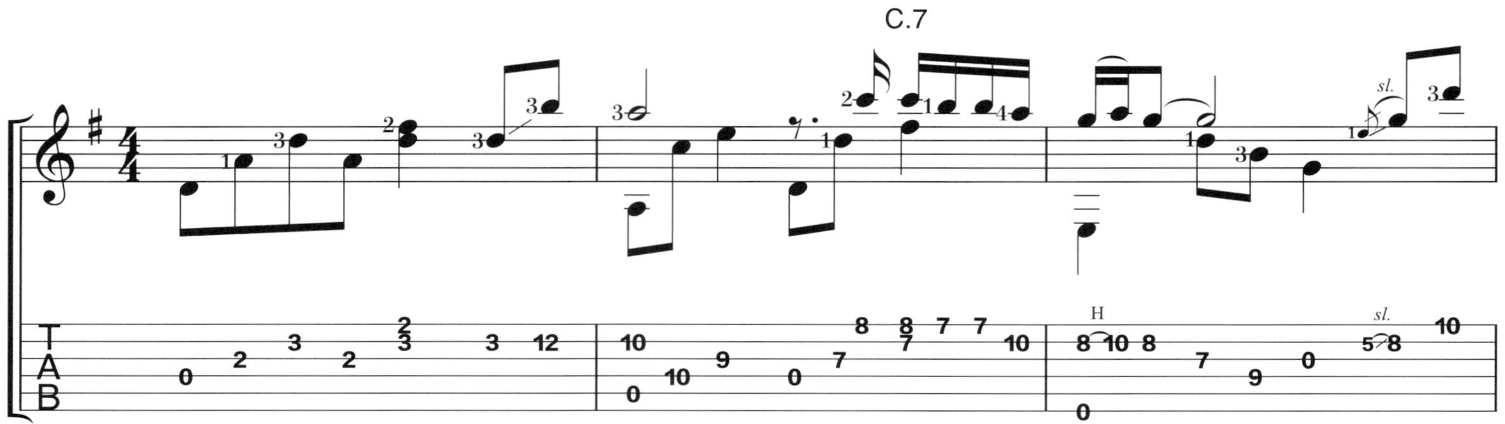

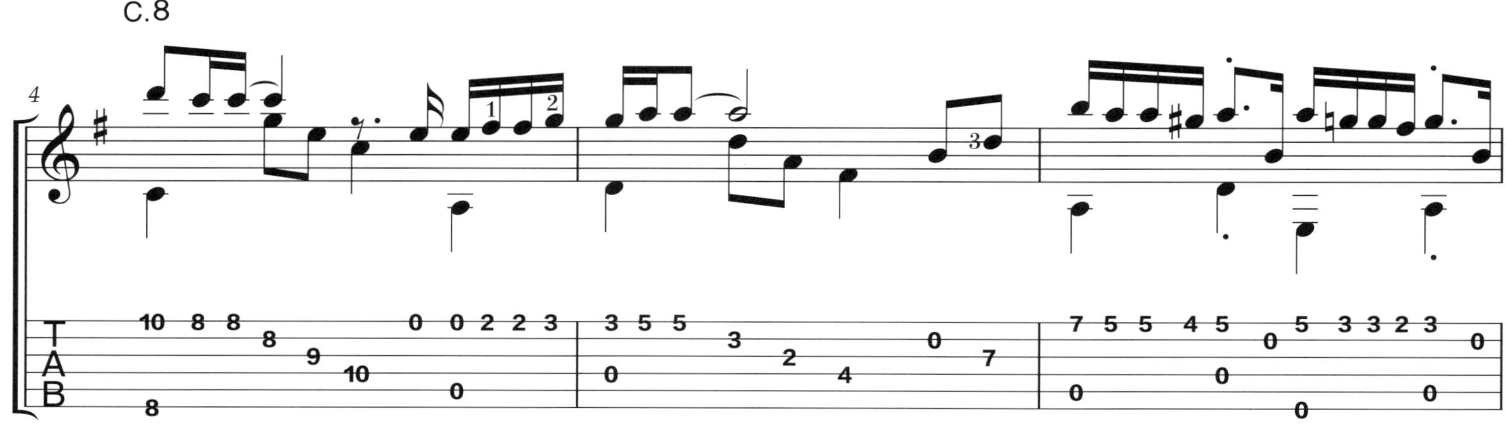

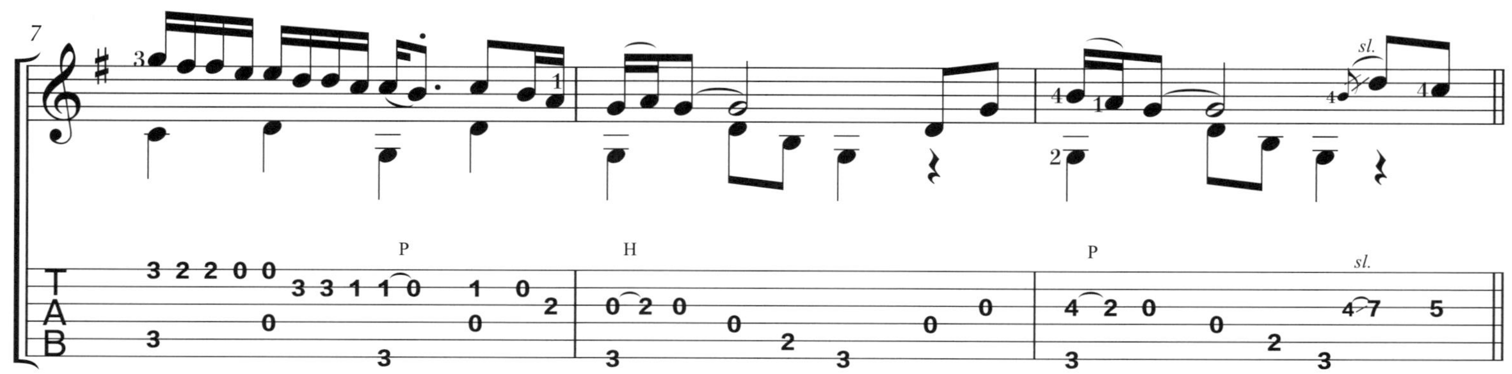

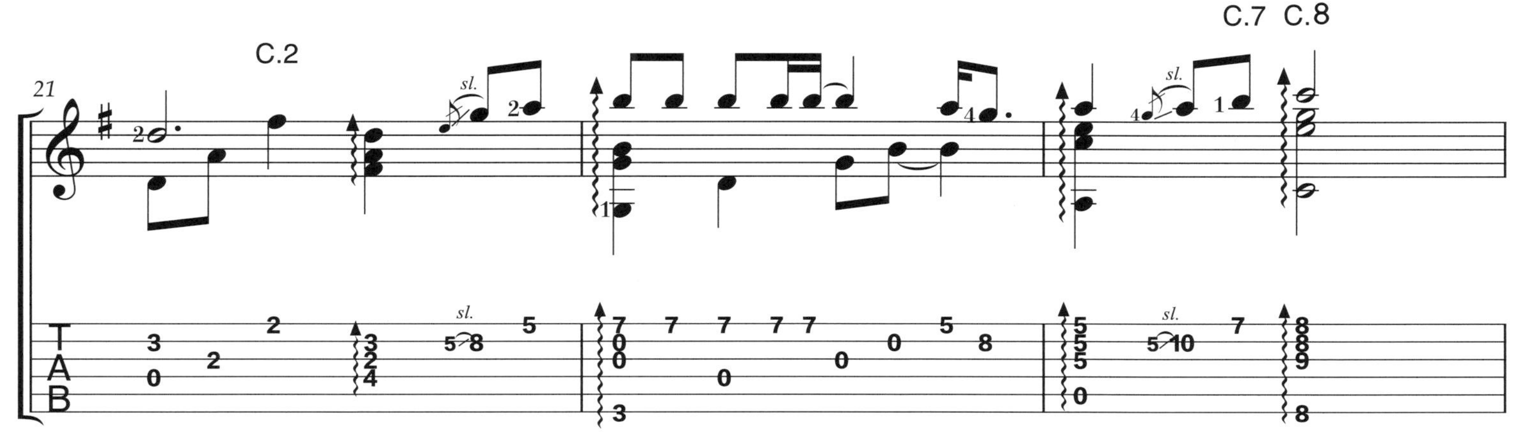

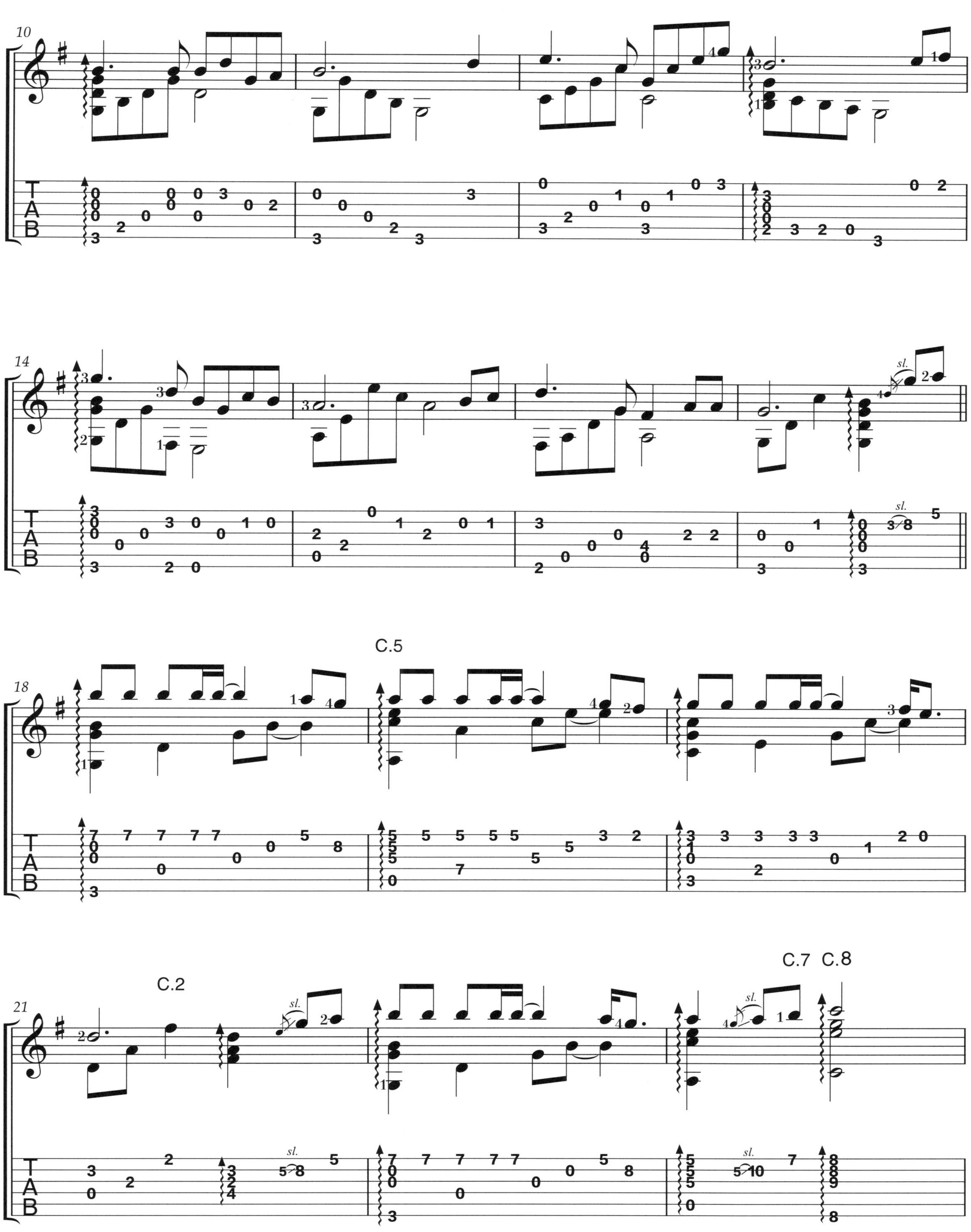
10
TAB
14
sl.
C.5
18
C.2
C.7 C.8
21

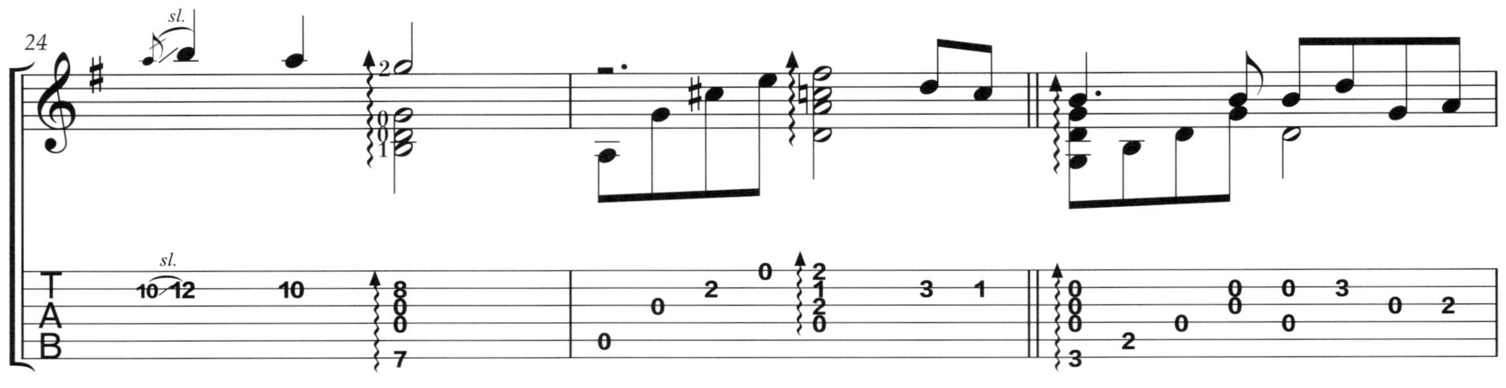

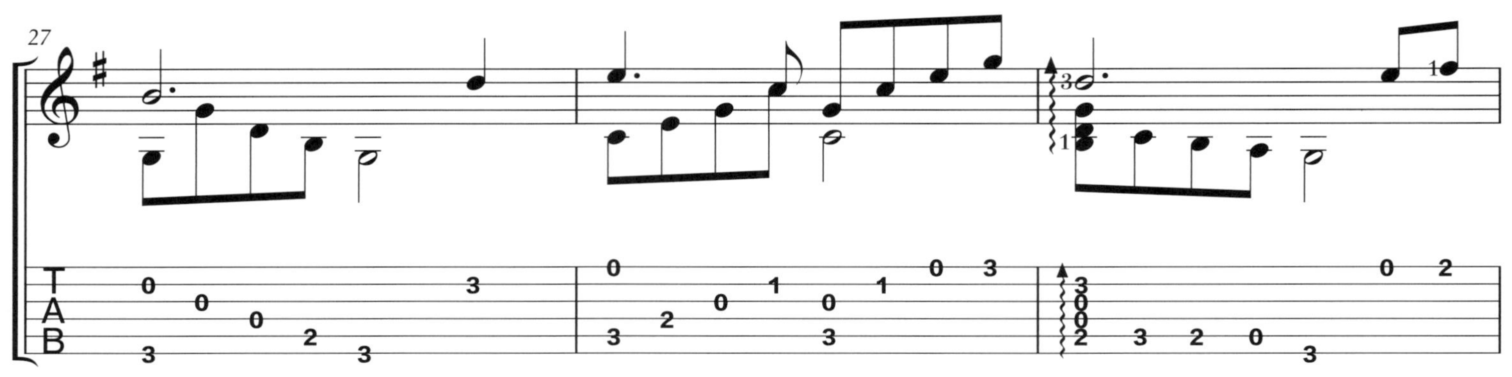

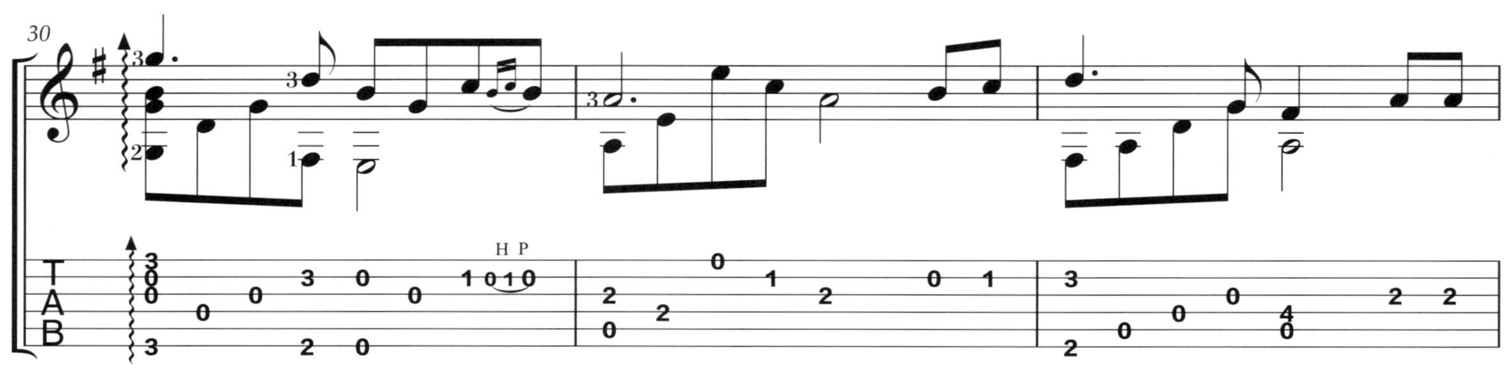

사랑해요

김형성 작사 · 작곡 I 고은희, 이정란 노래

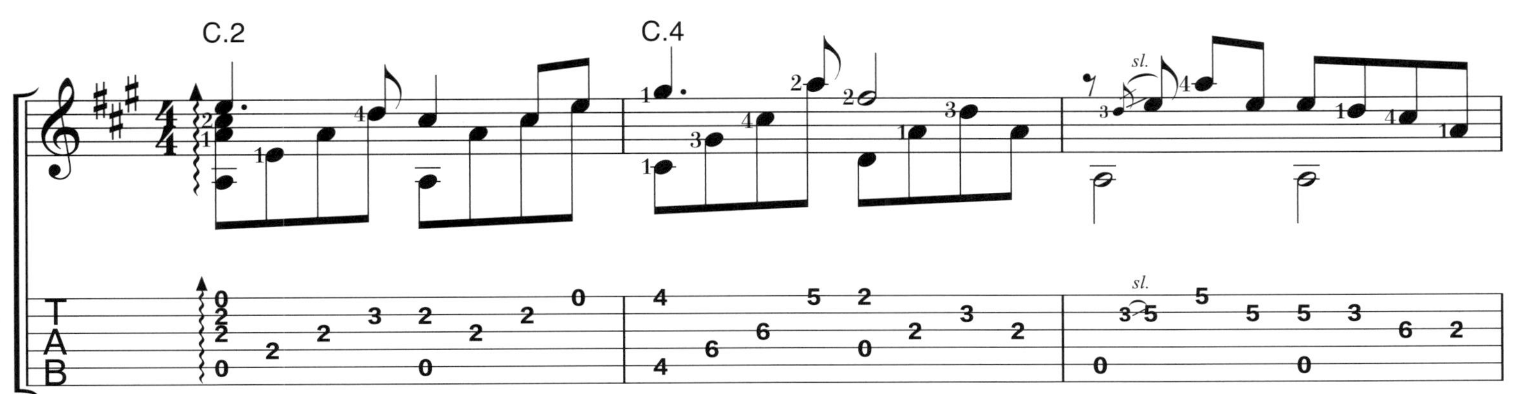

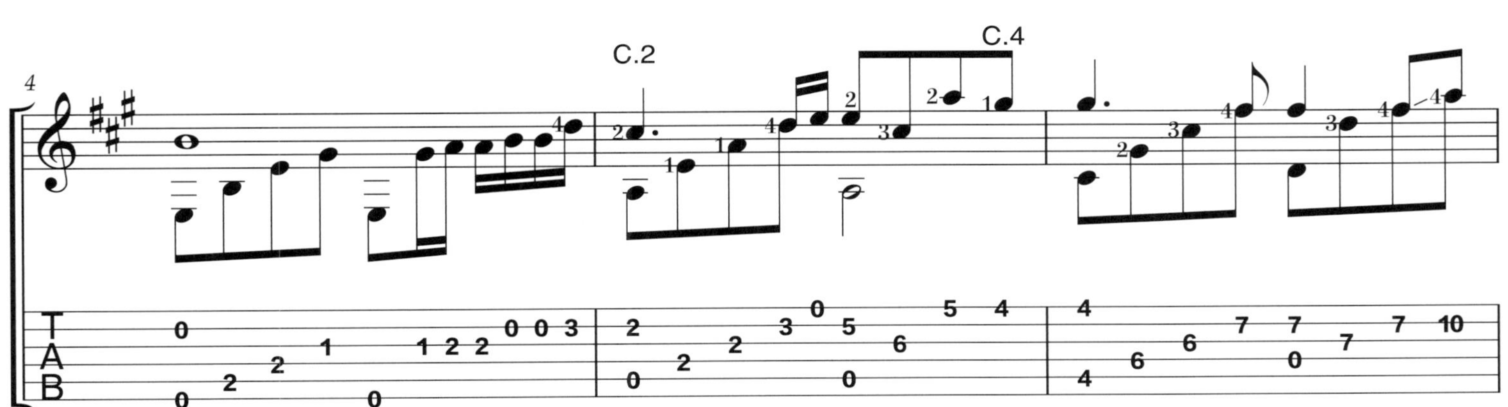

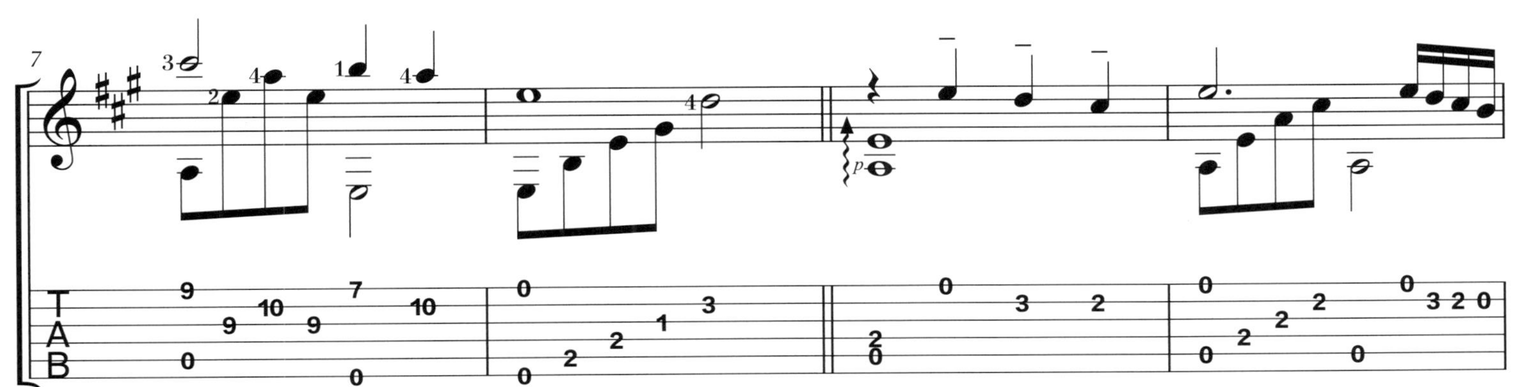

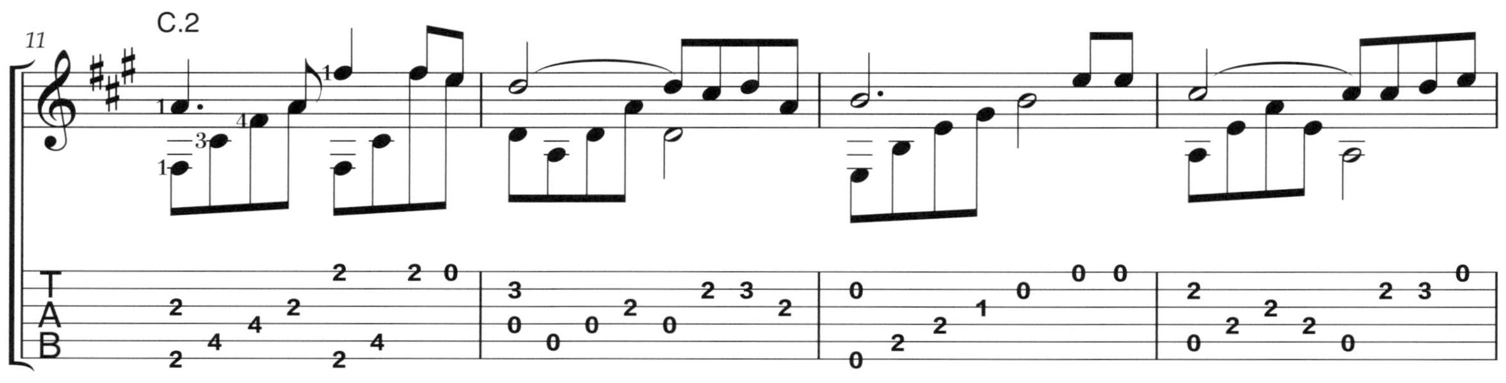

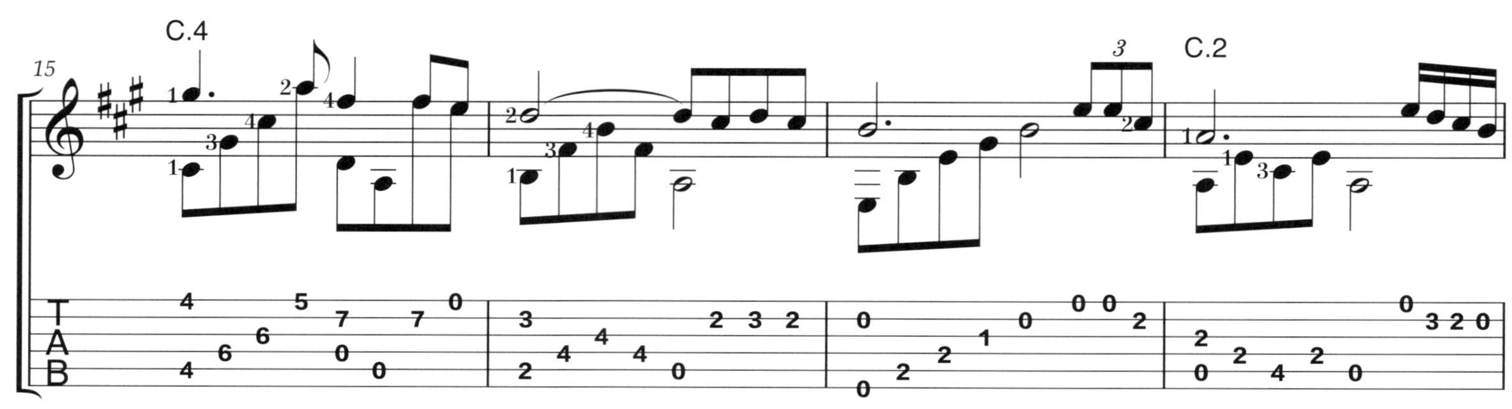

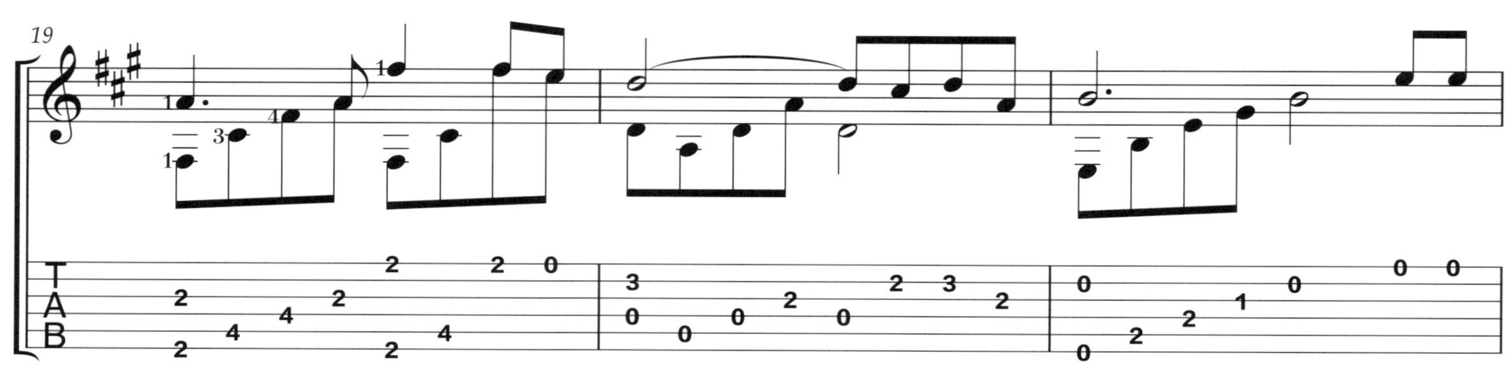

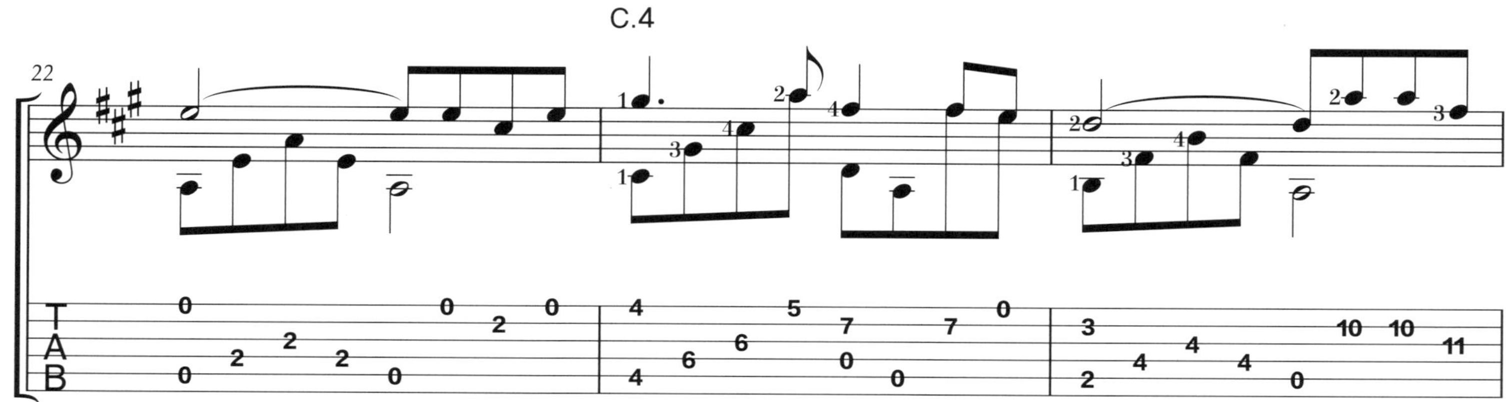

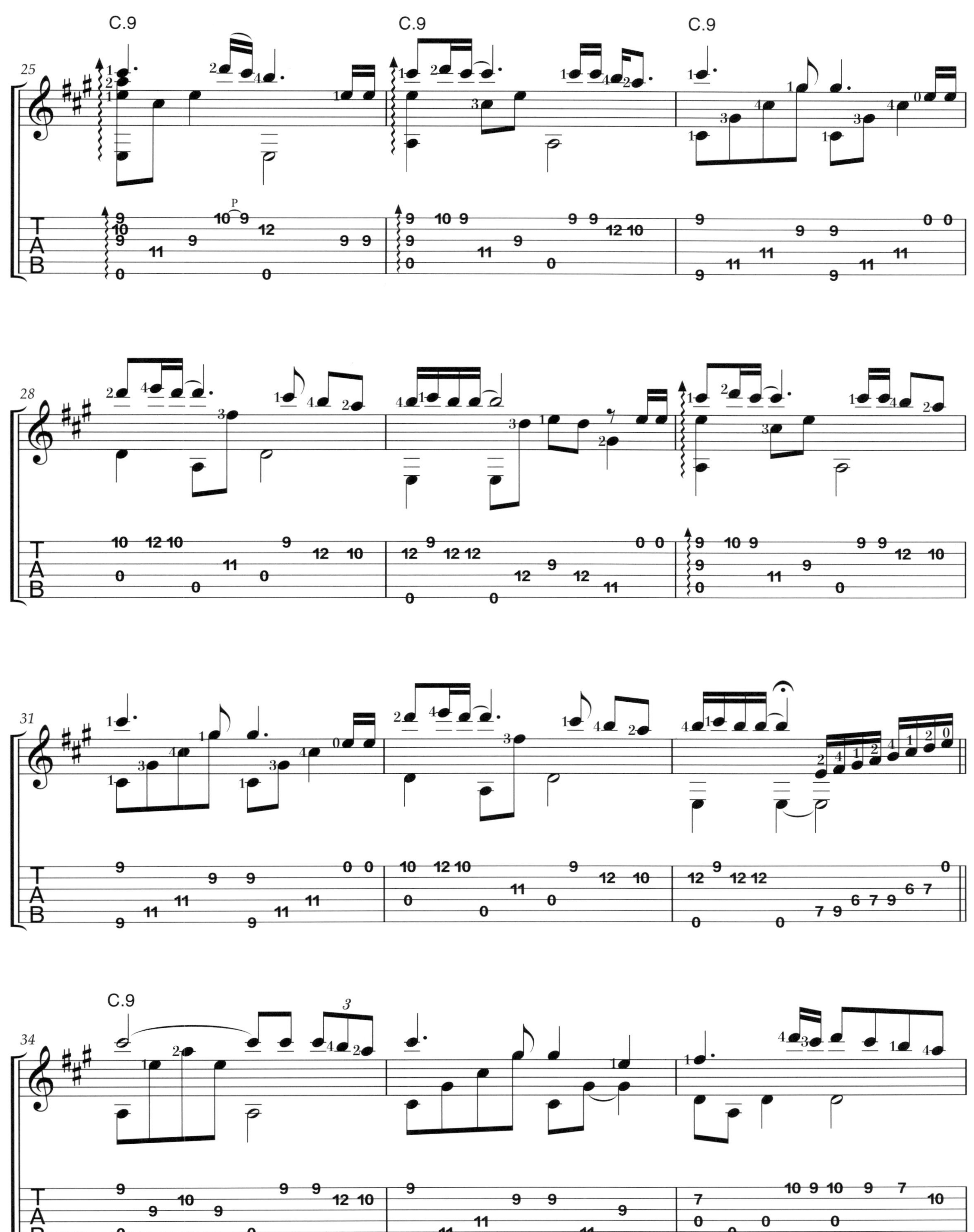

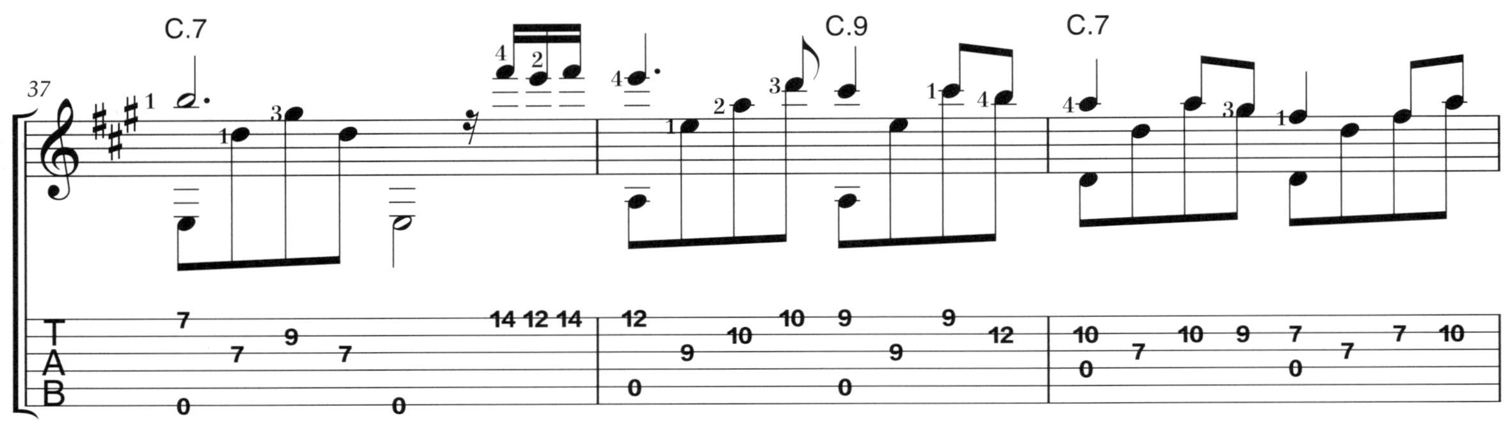
C.7
C.9
C.7
37

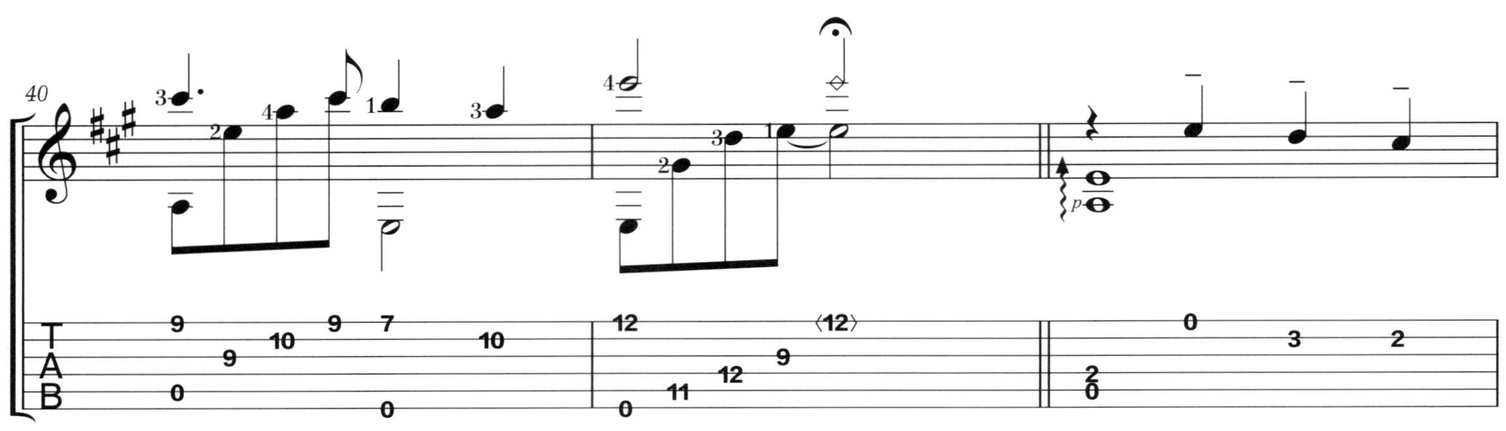
40

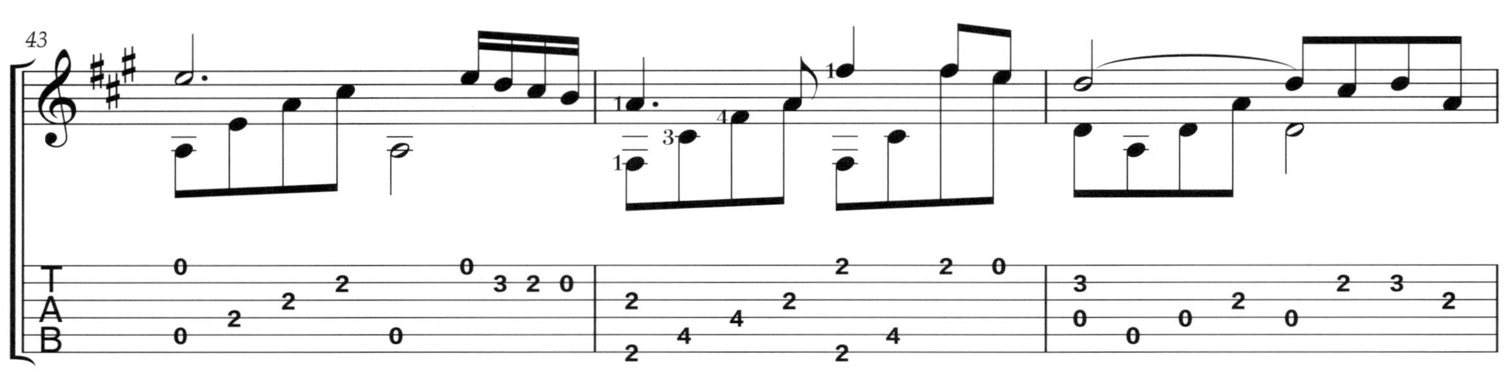
43

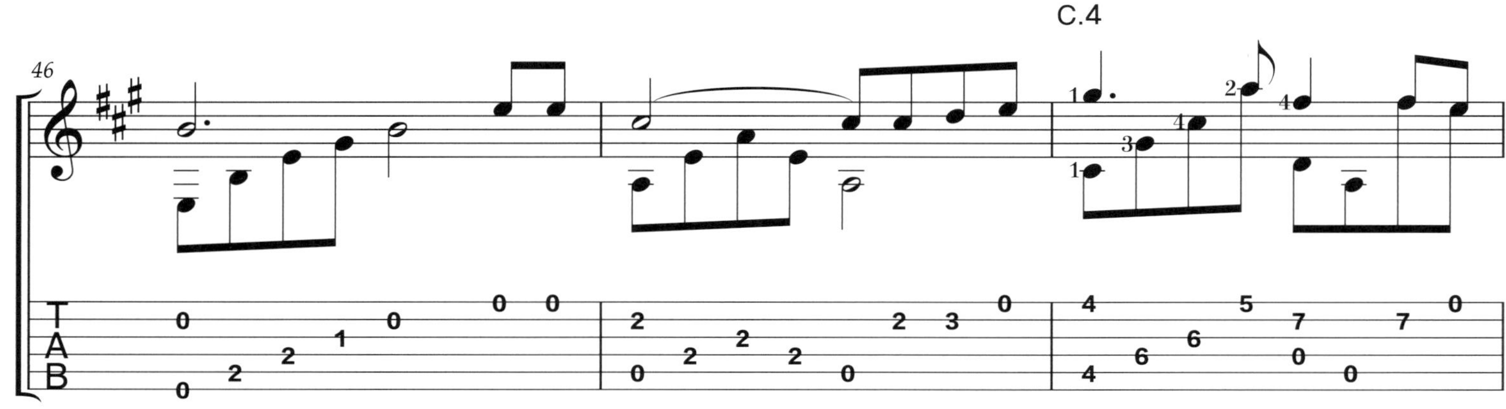
C.4
46

당년정(영웅본색 OST)

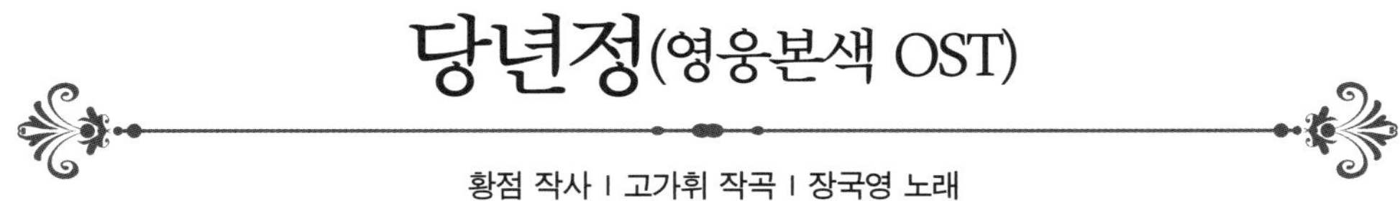

황점 작사 ㅣ 고가휘 작곡 ㅣ 장국영 노래

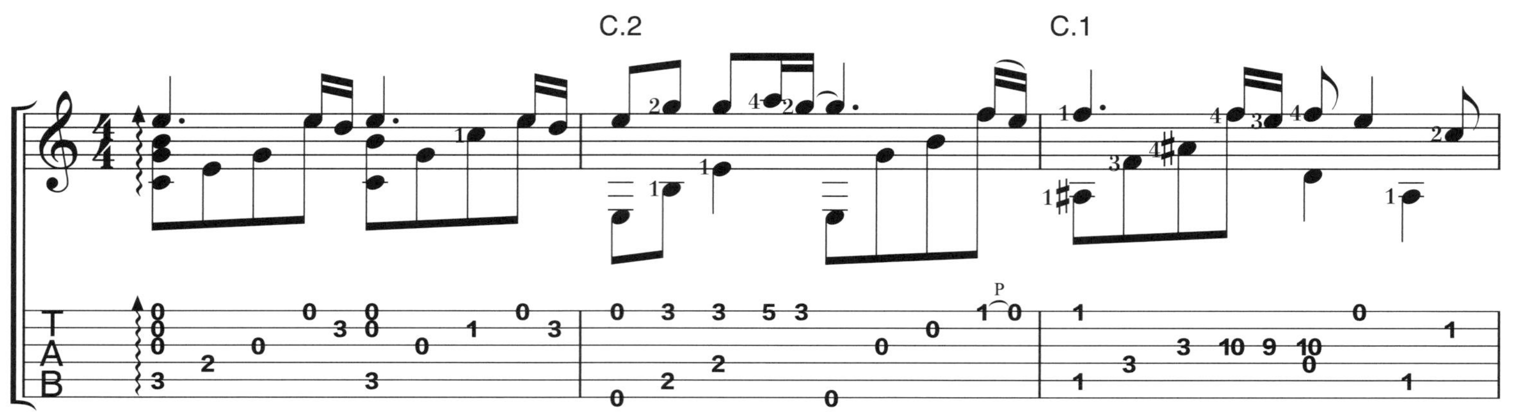

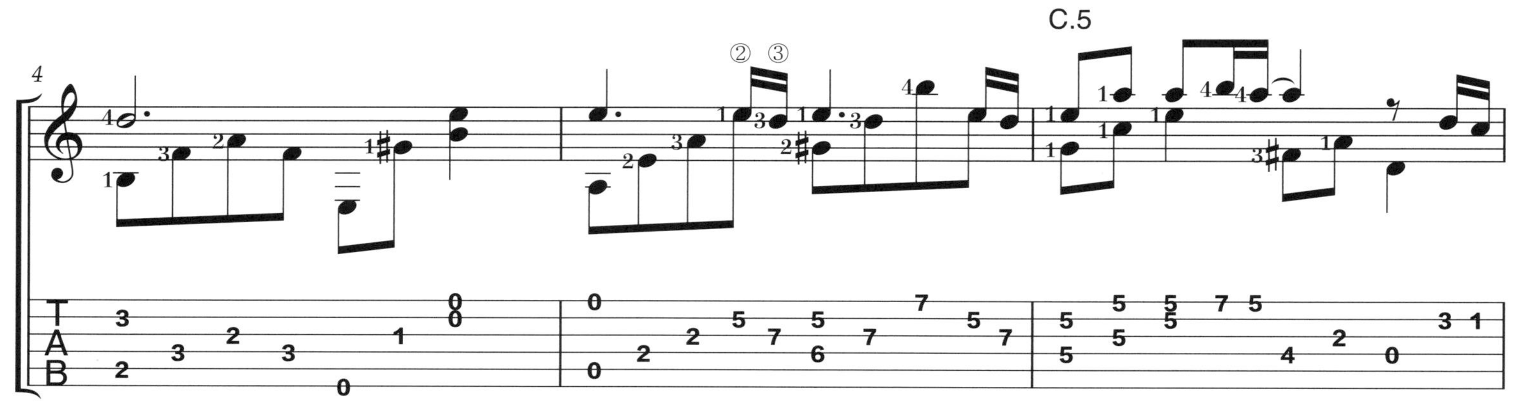

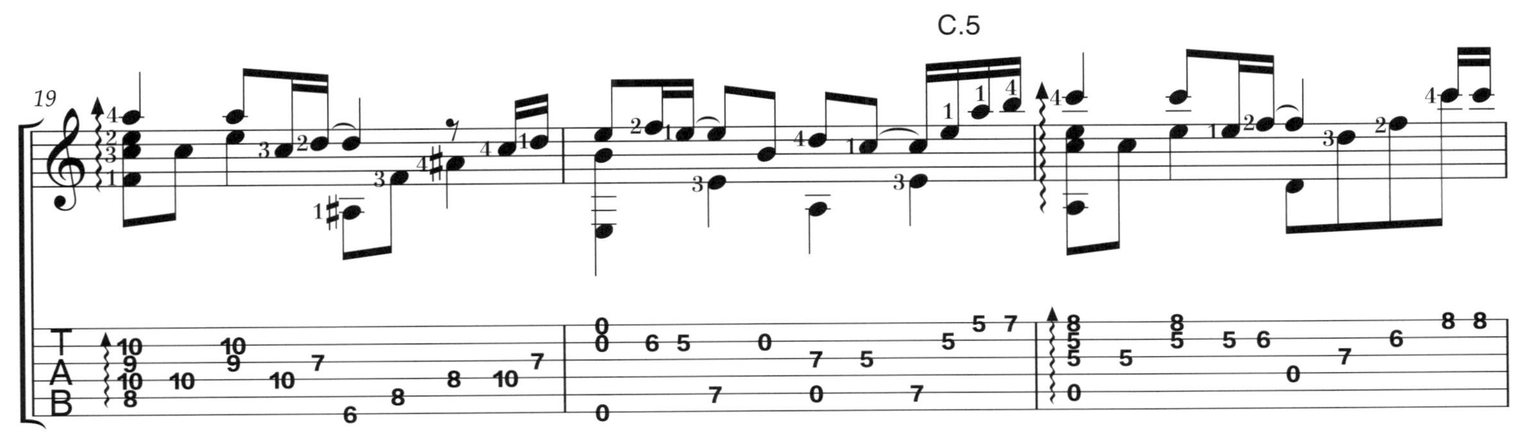

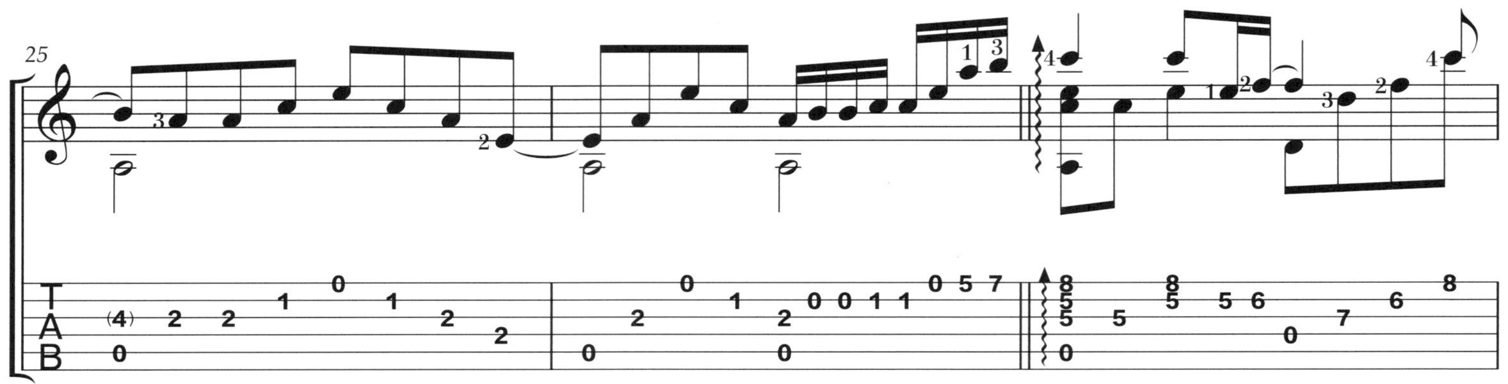

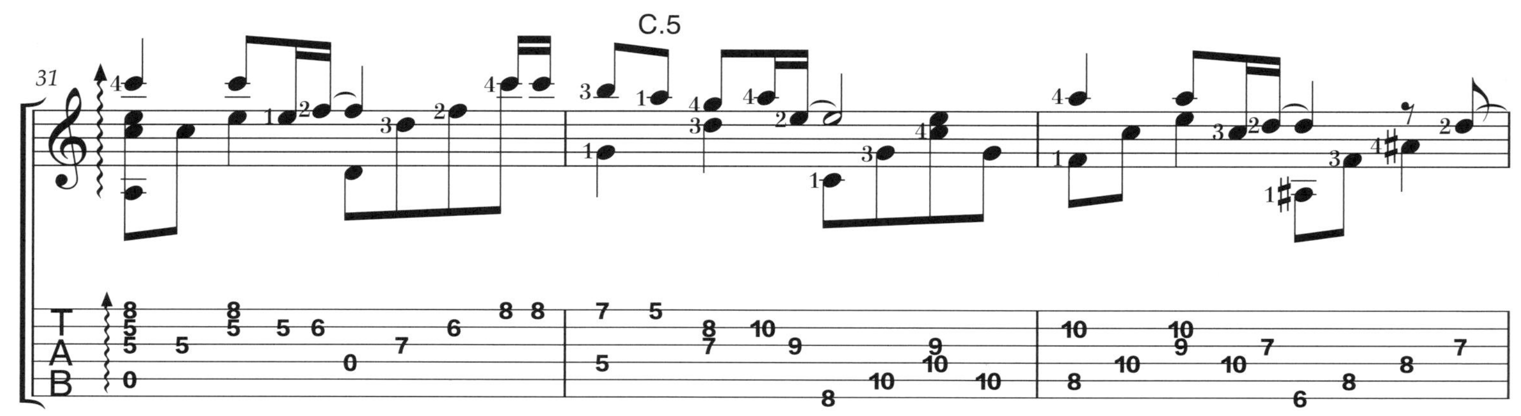

C.5
C.1
sl.
P
P
sl.
4—4
3—3
61

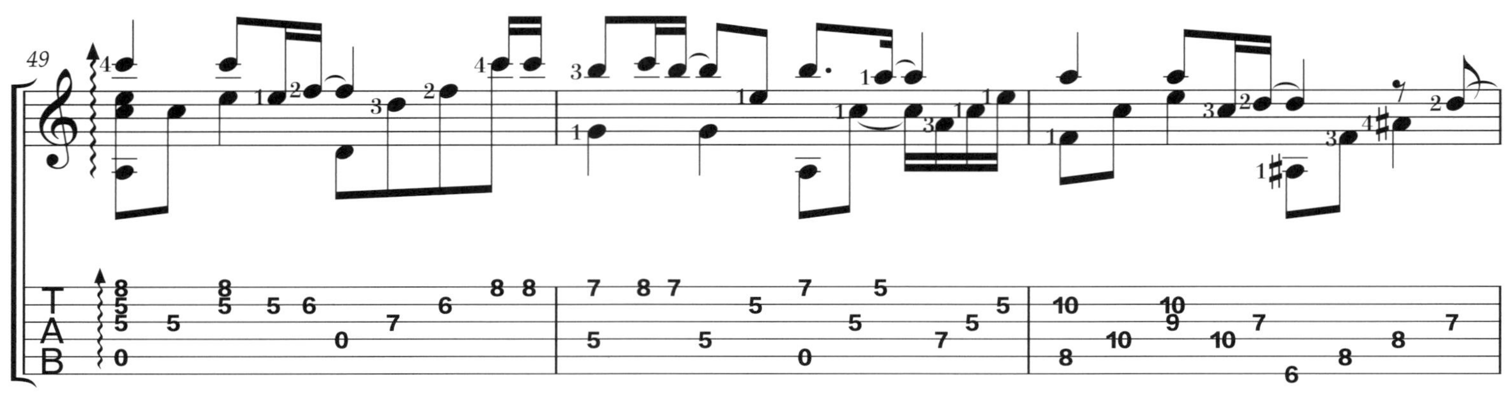

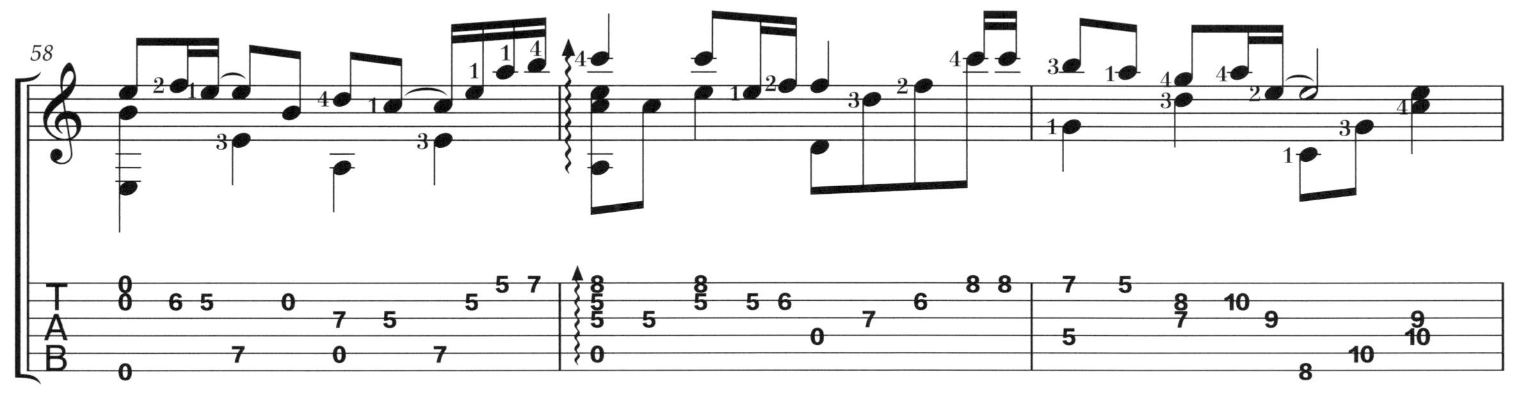

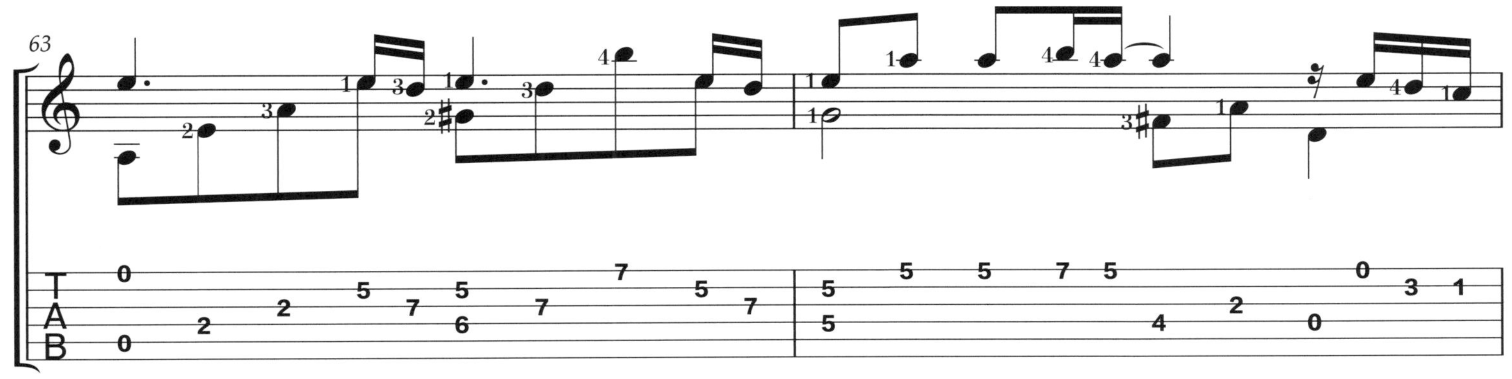

rit.
a tempo

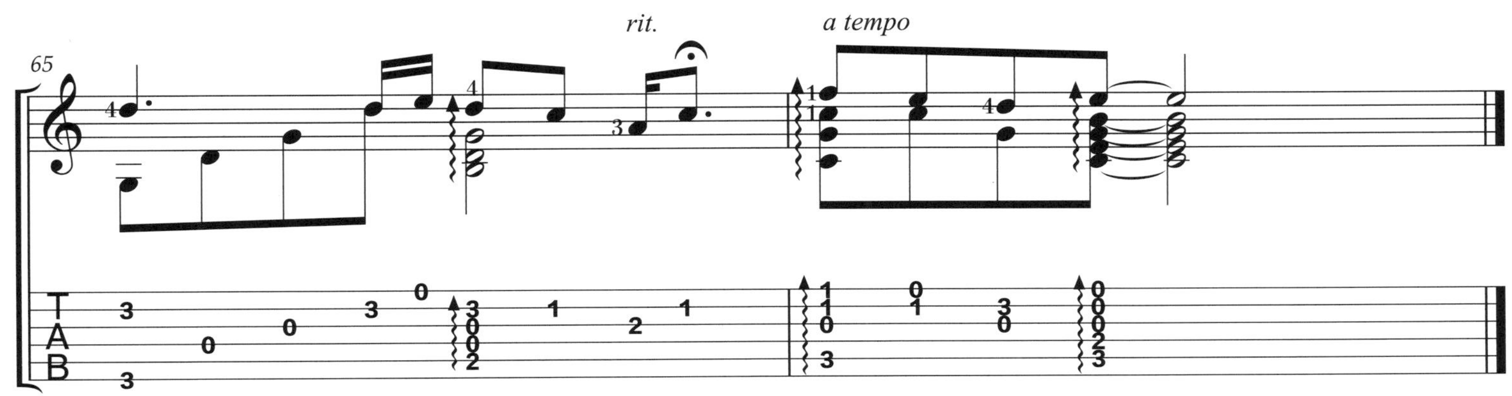

비와 당신

방준석 작사 · 작곡 I 이무진 노래

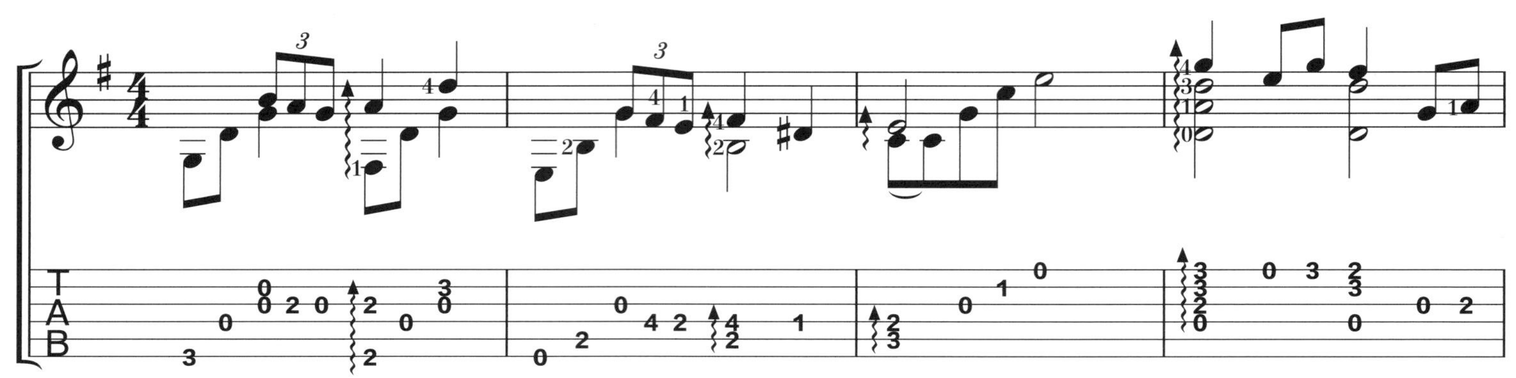

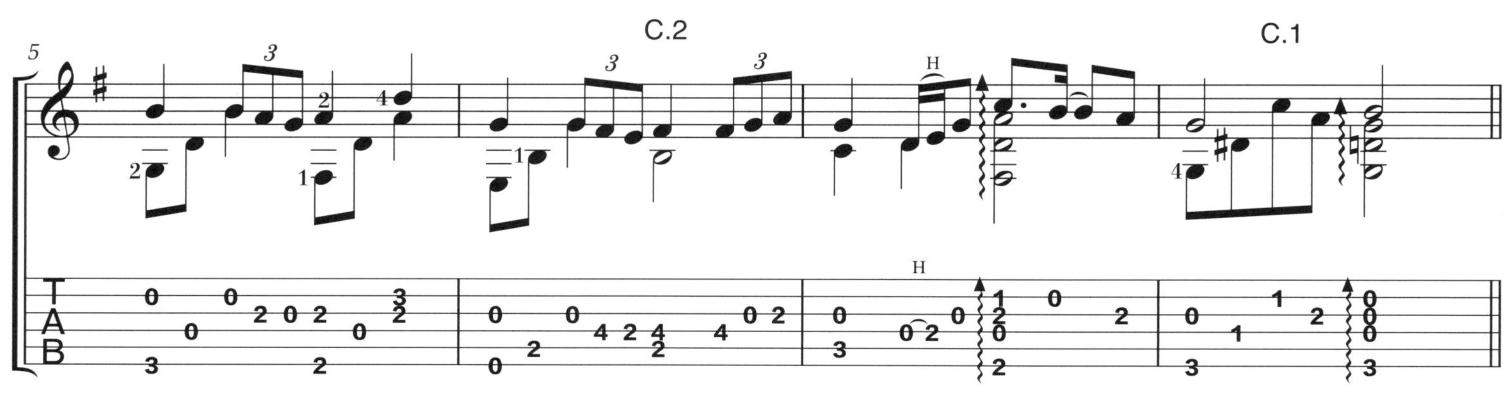

13
C.1

17
C.2
H

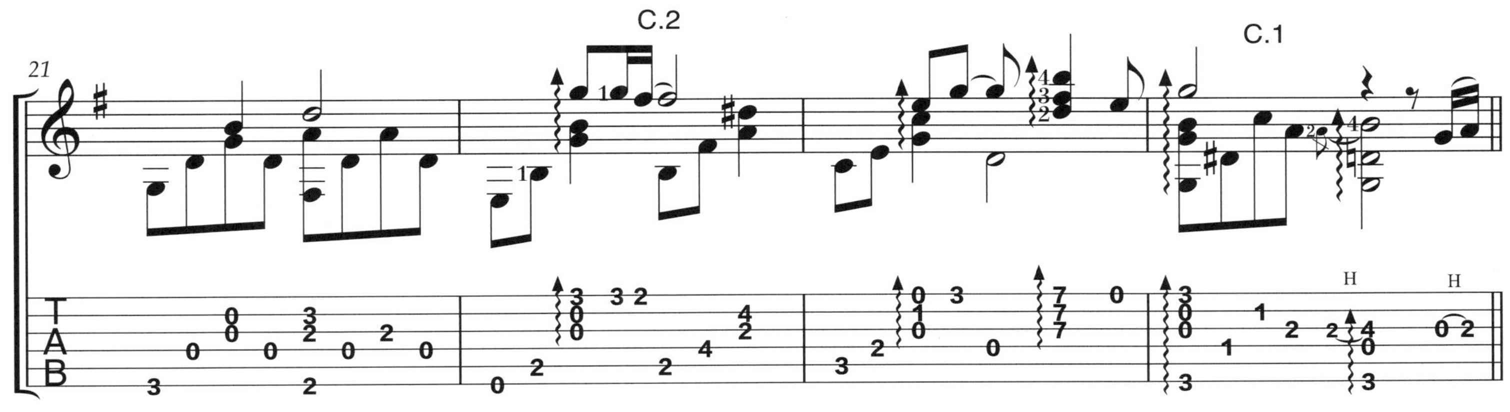
21
C.2
C.1
H
H

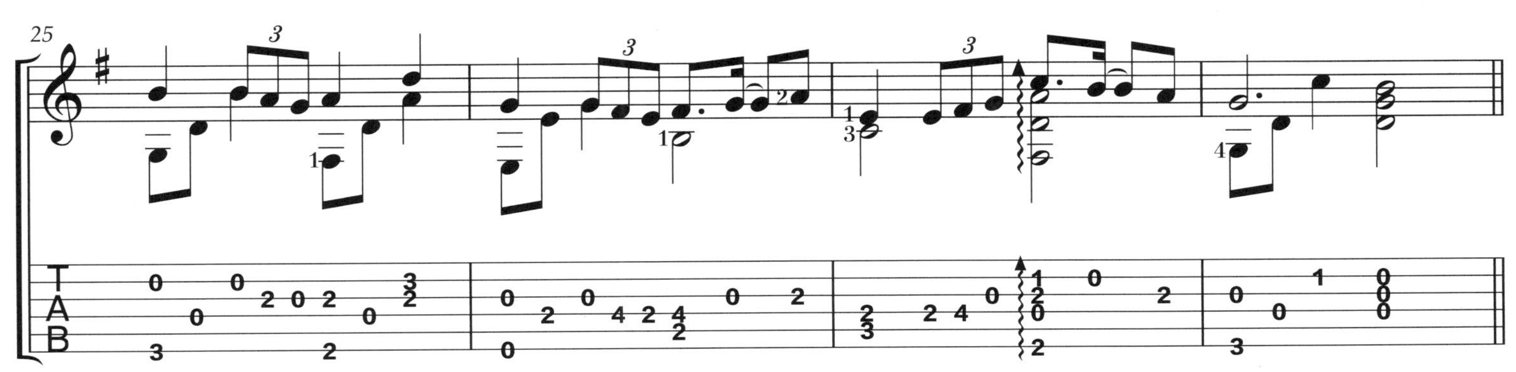
25
3
3
3

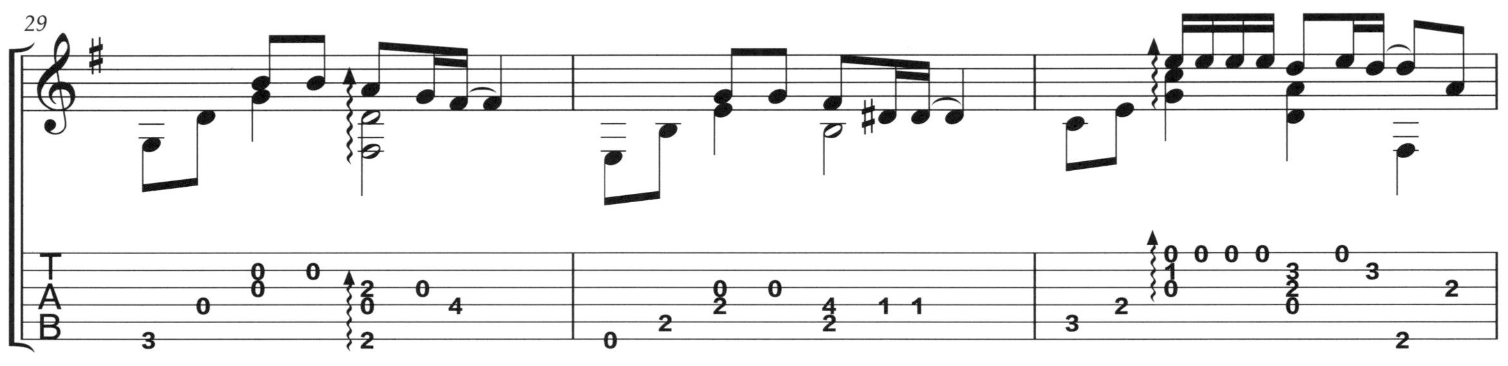
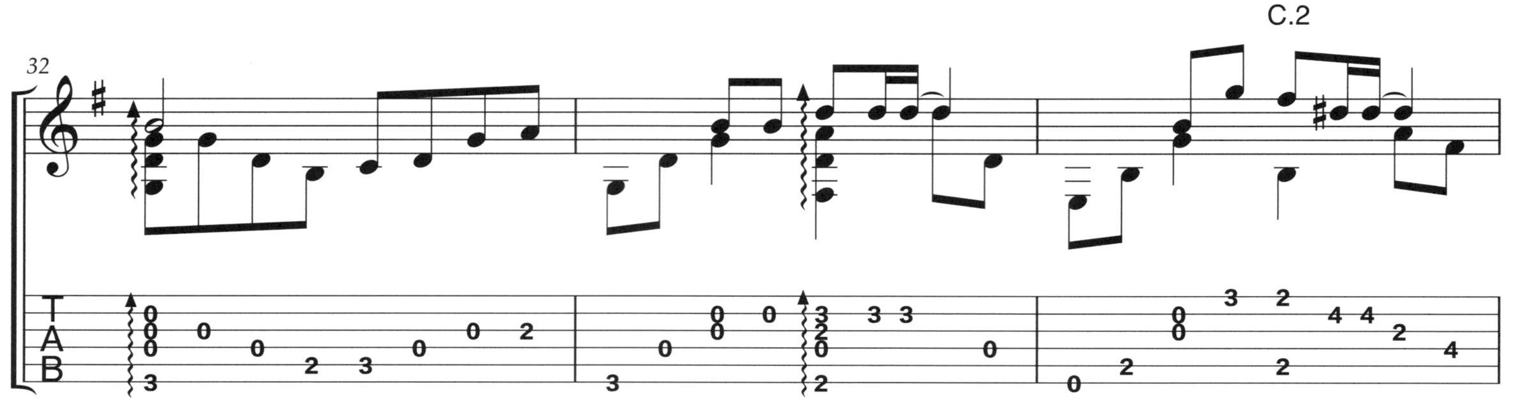

C.2

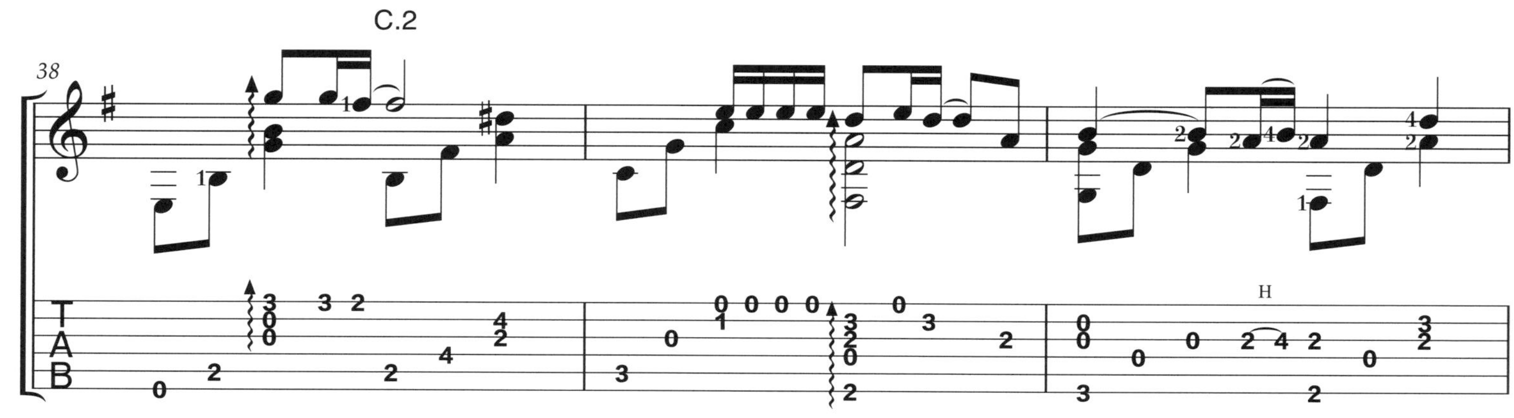

C.2

41
C.2
44
C.1
H
sl.
3
sl.
47
3
3
H H H
50
3
3

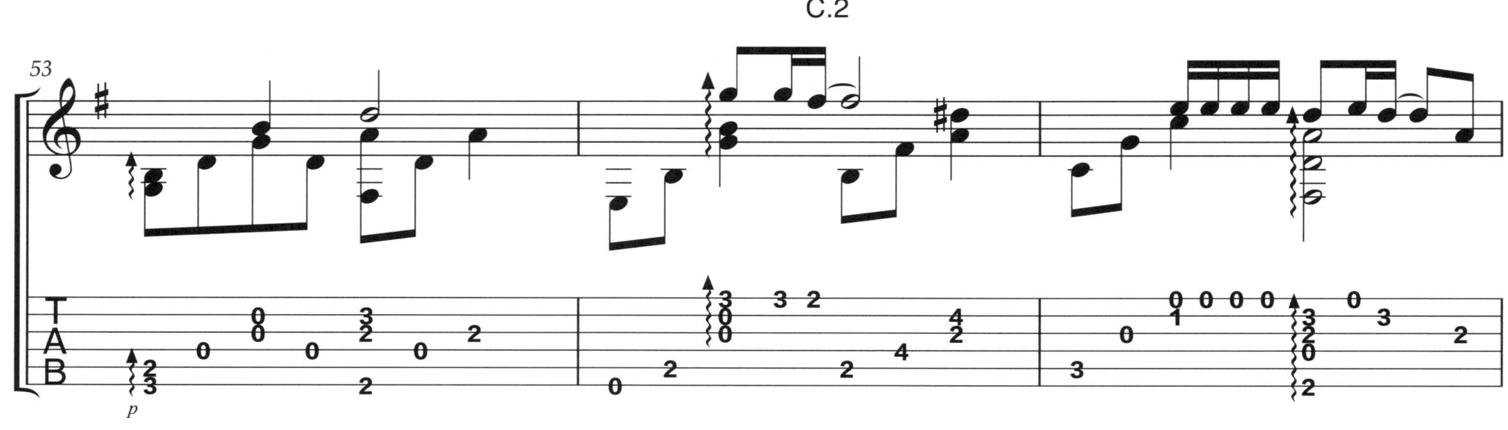

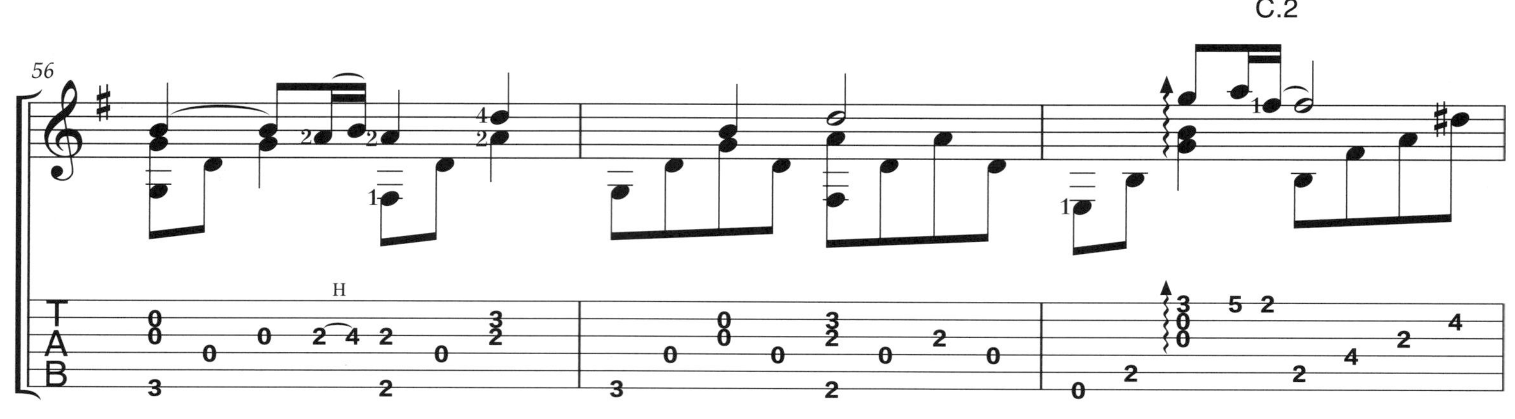

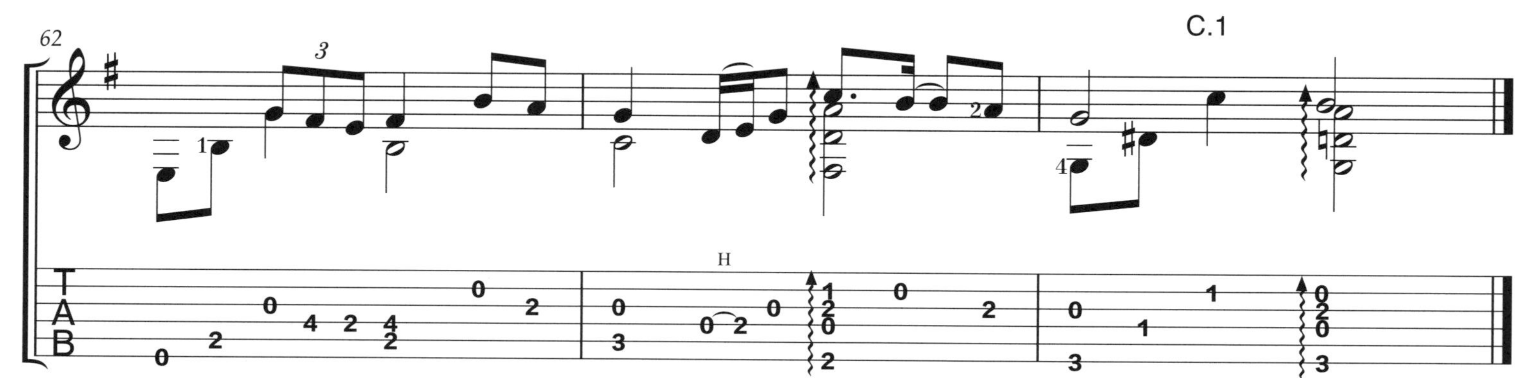

보이지 않는 사랑

신승훈 작사 · 작곡 ㅣ 신승훈 노래

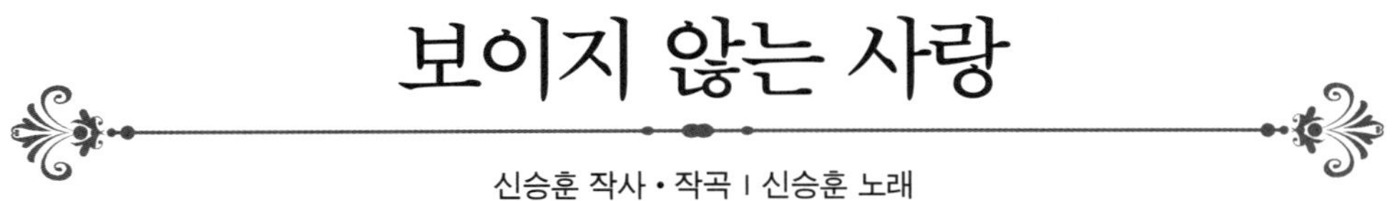

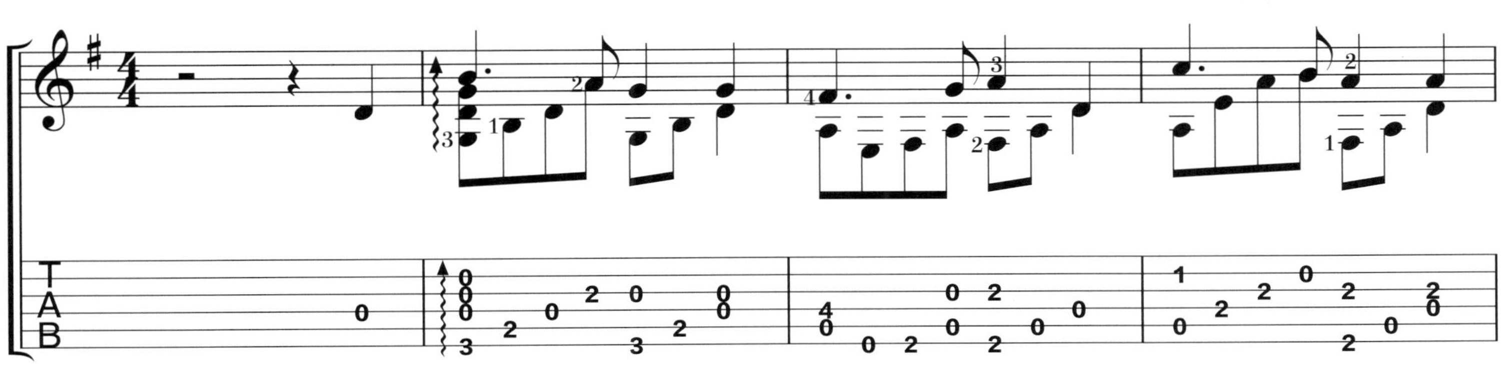

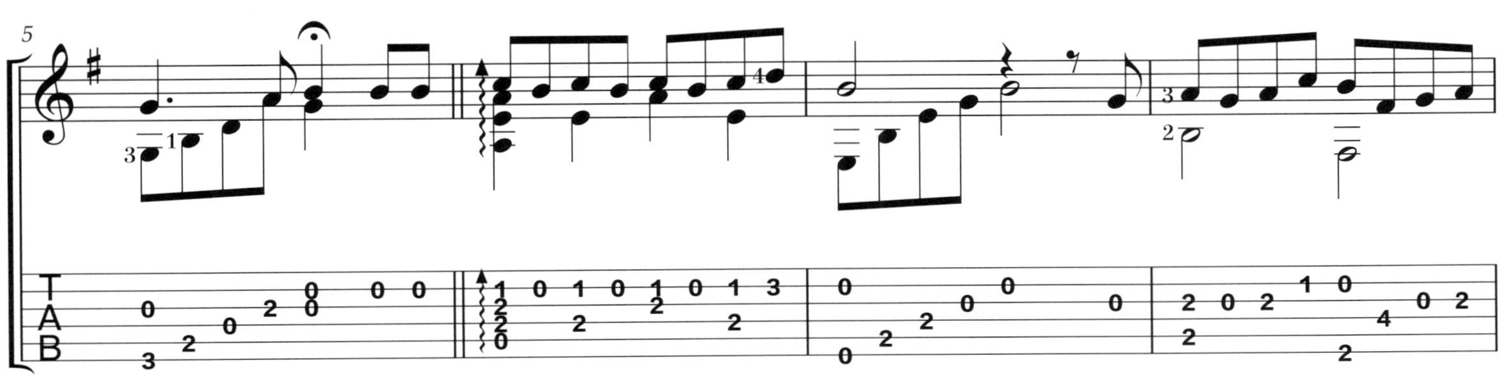

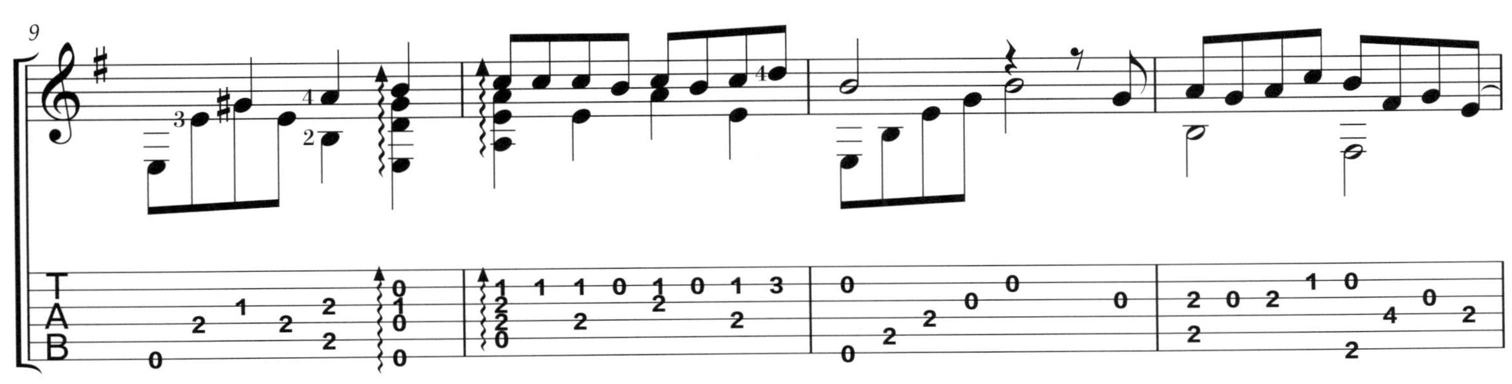

52
55
58
C.7
60
73

Nothing's gonna change my love for you

마이클 매서, 게리 고핀 작사 · 작곡 ㅣ 조지 벤슨 노래

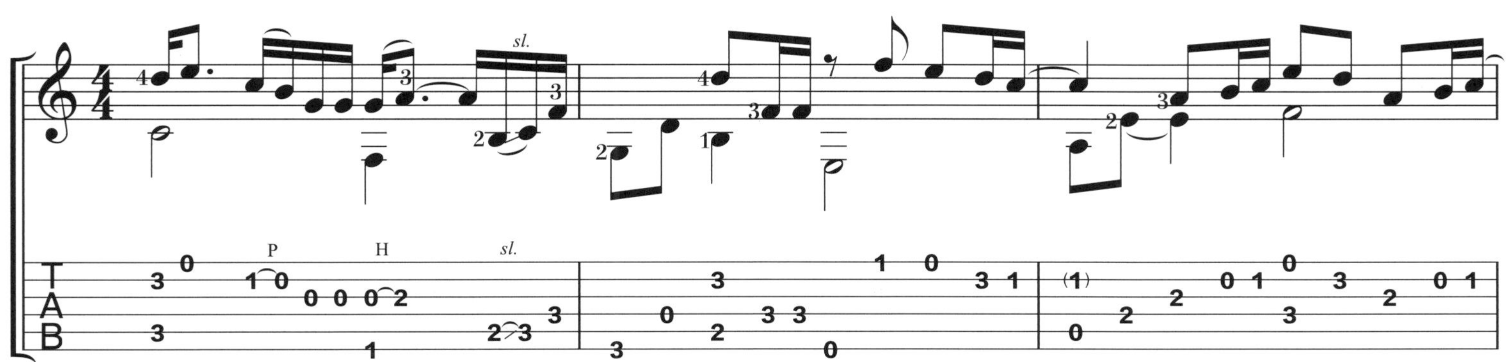

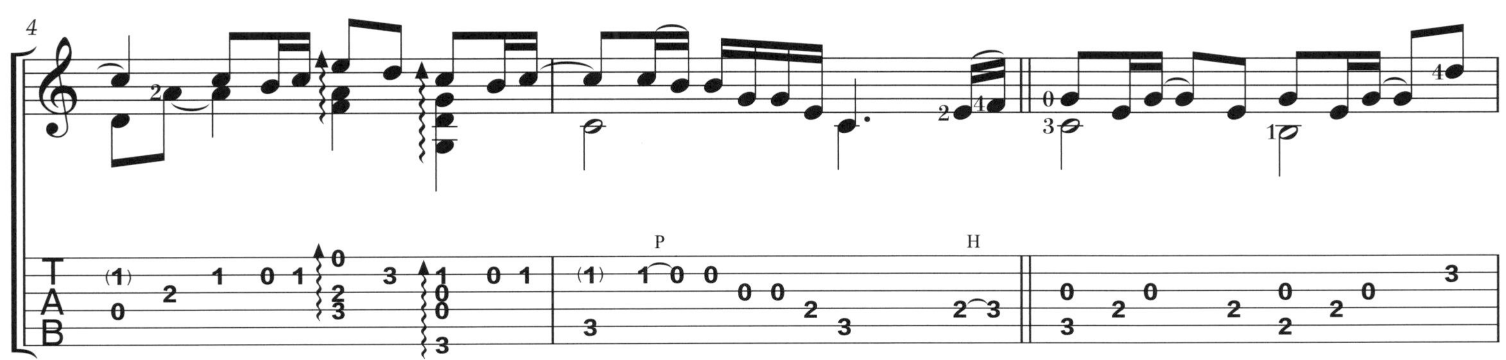

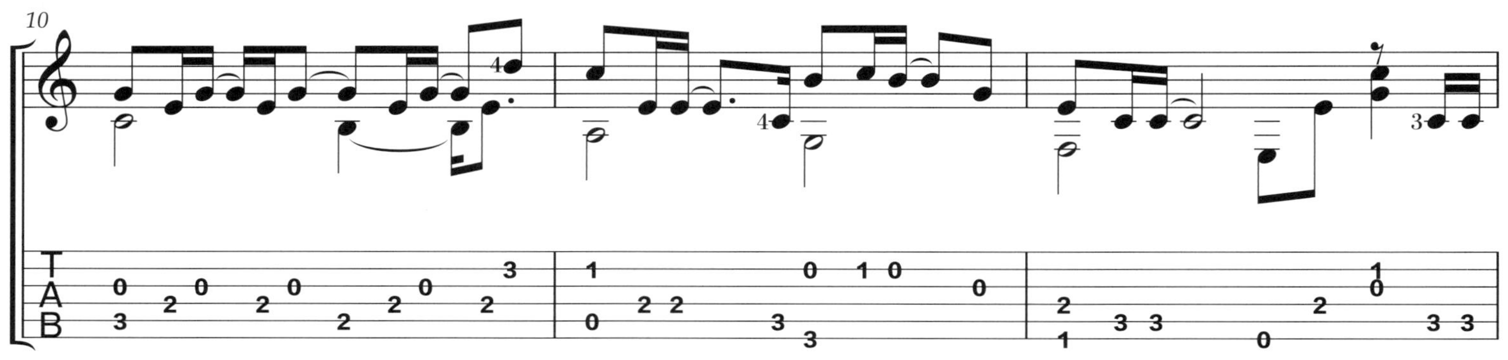

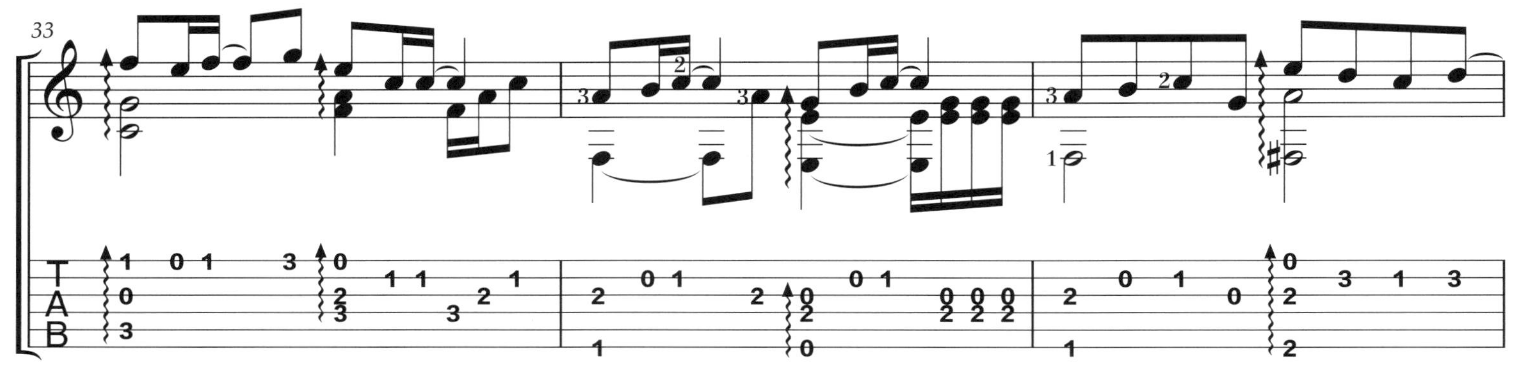

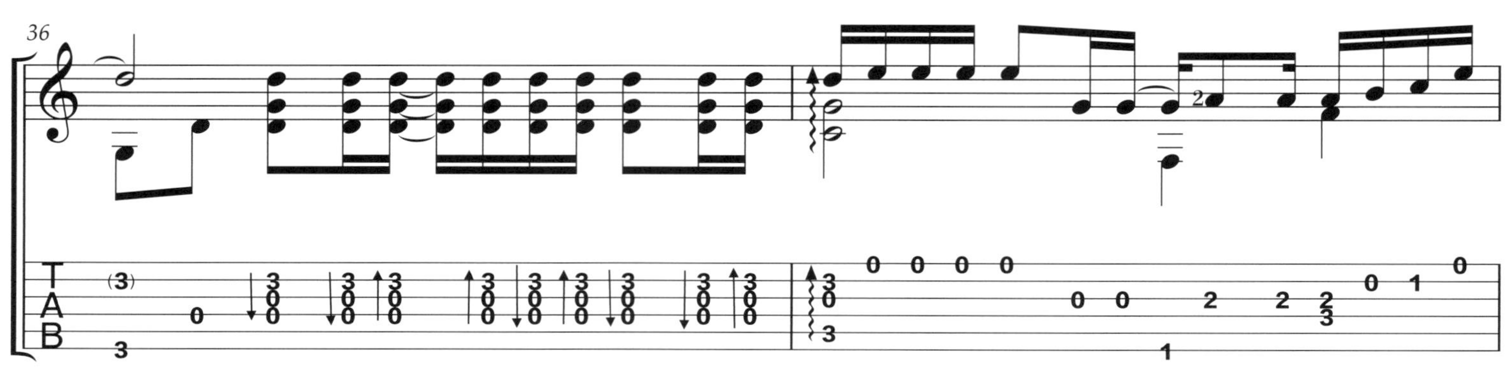

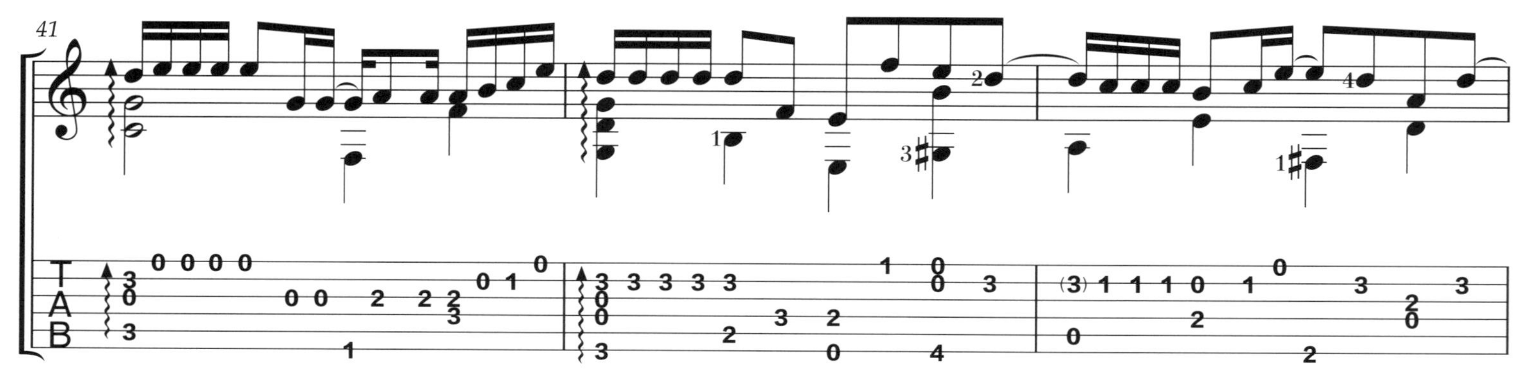

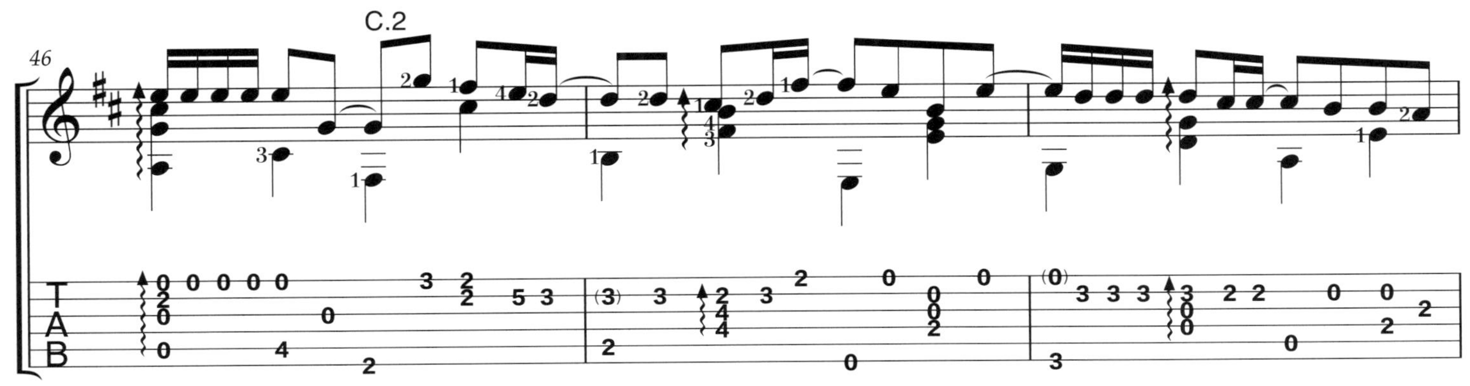
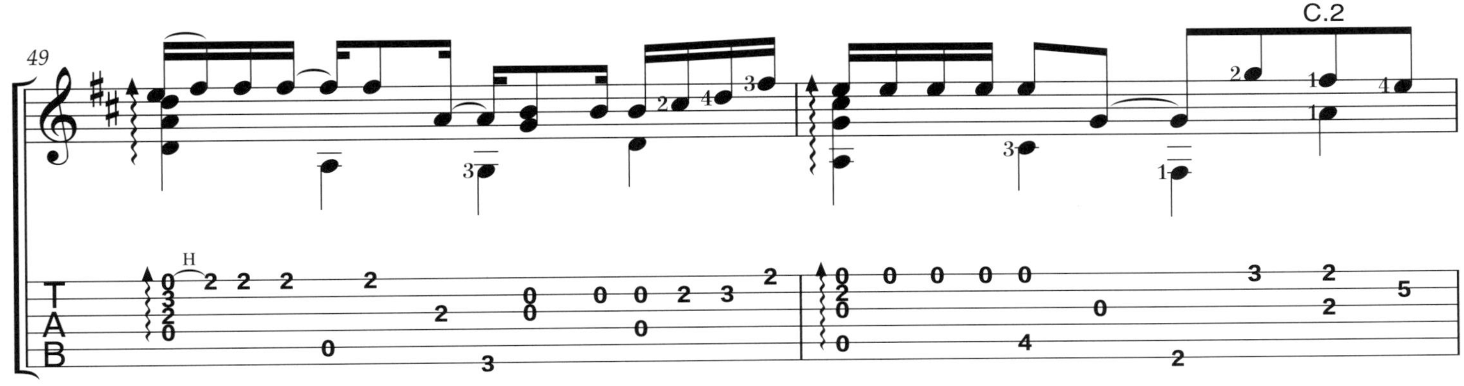

밤편지

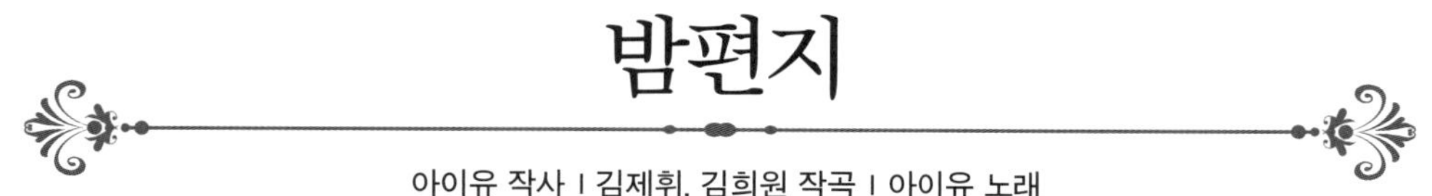

아이유 작사 ㅣ 김제휘, 김희원 작곡 ㅣ 아이유 노래

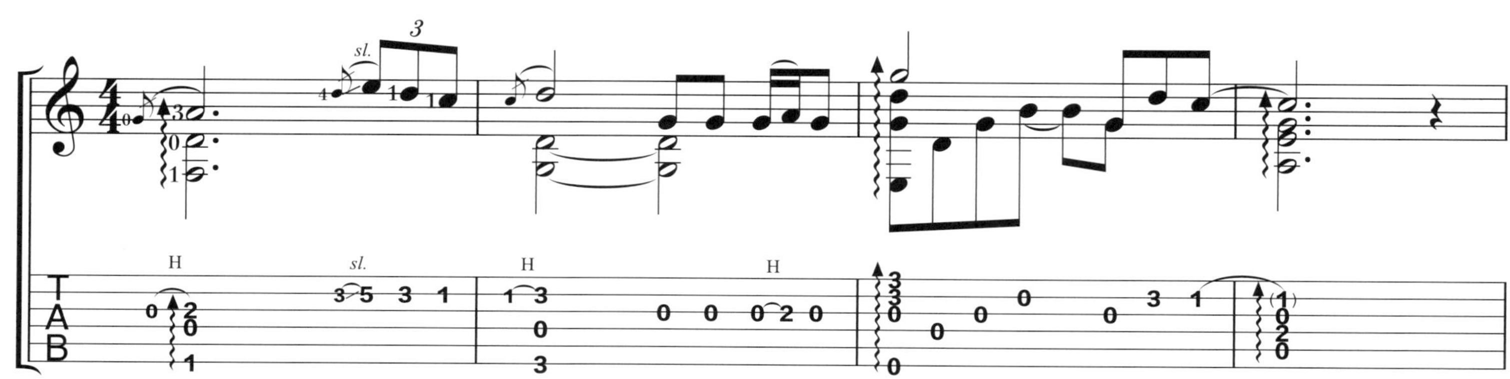

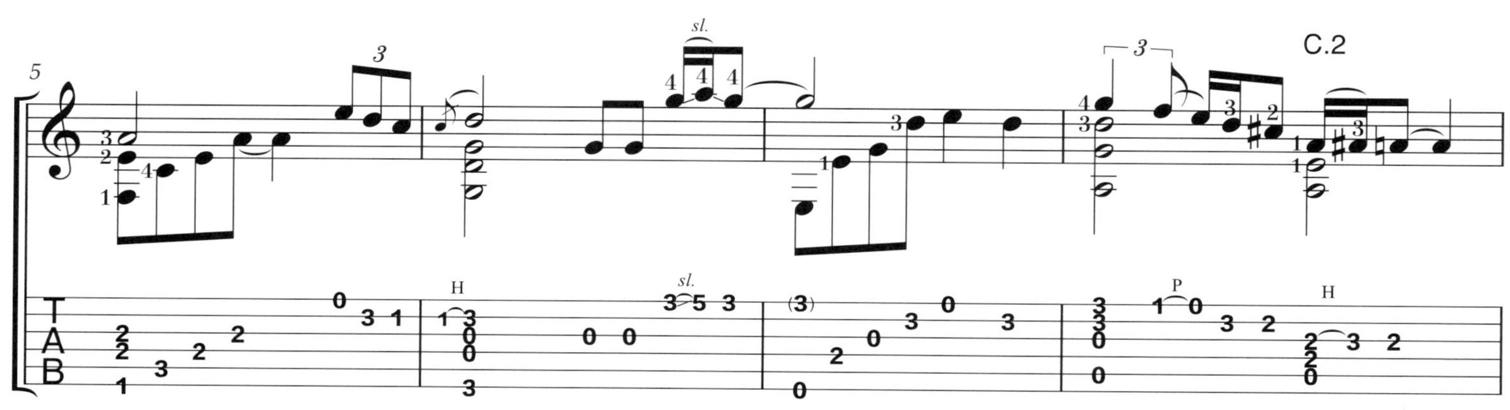

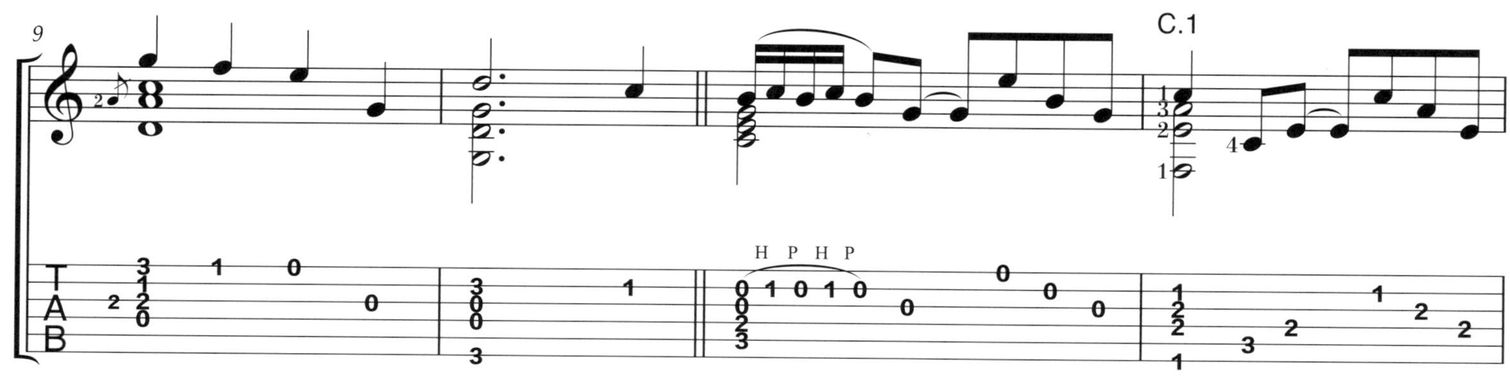

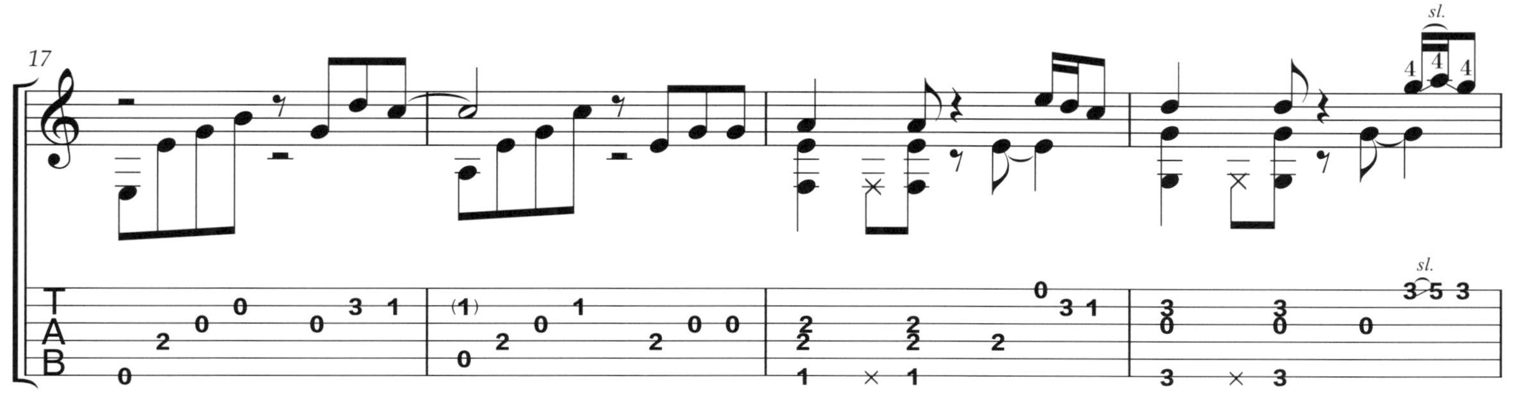
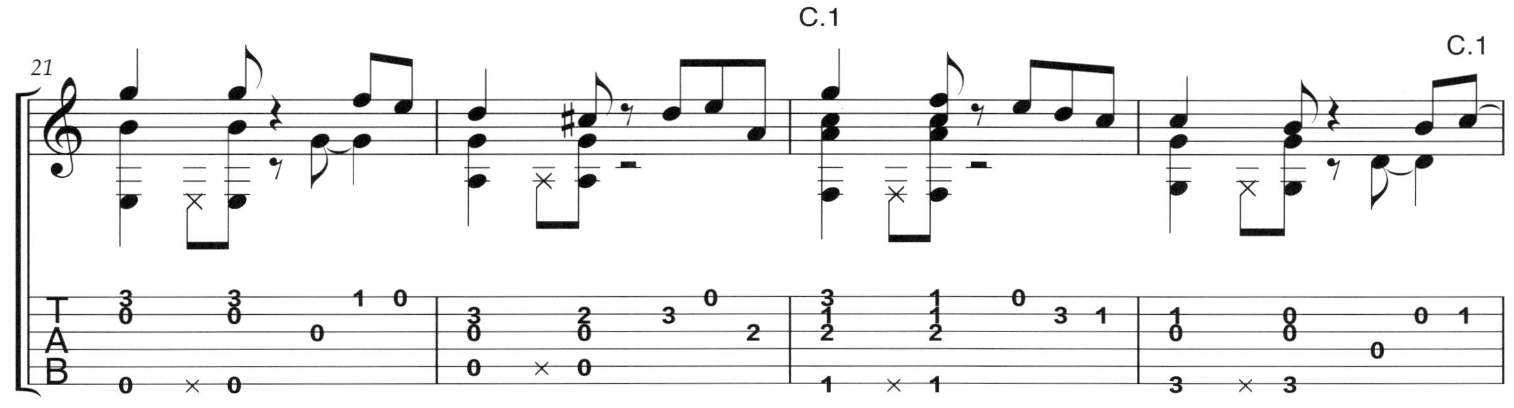
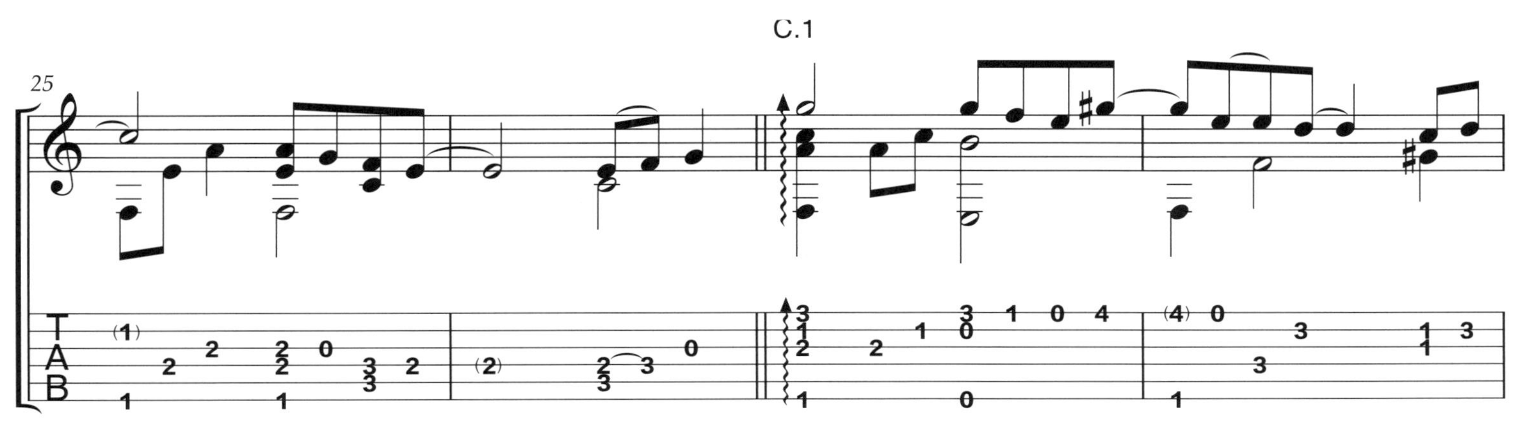

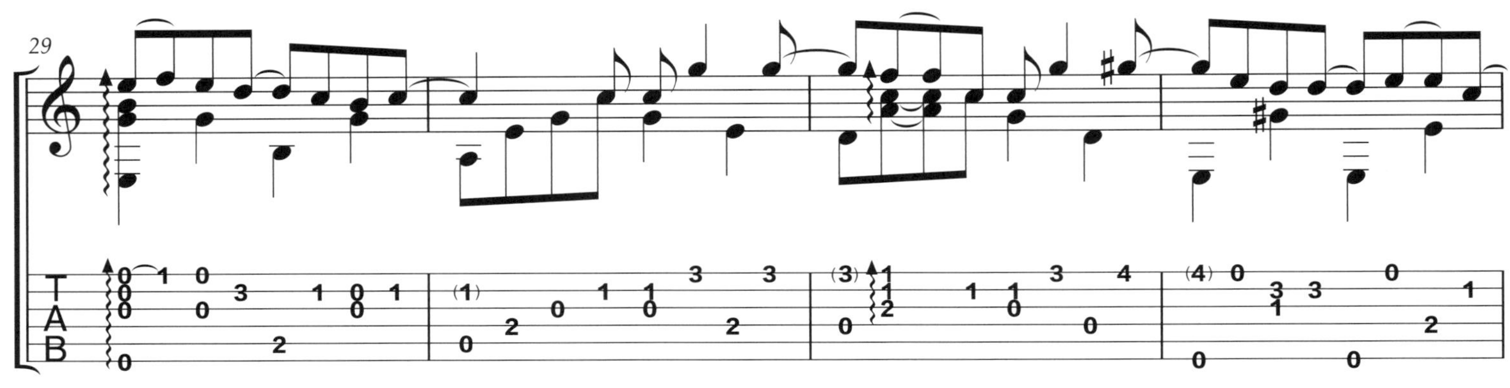

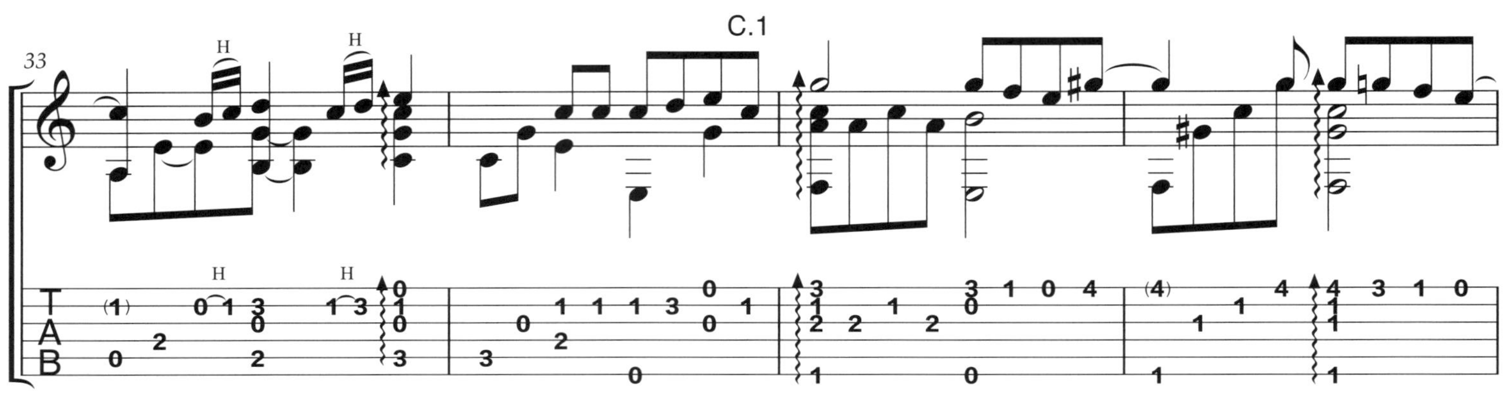

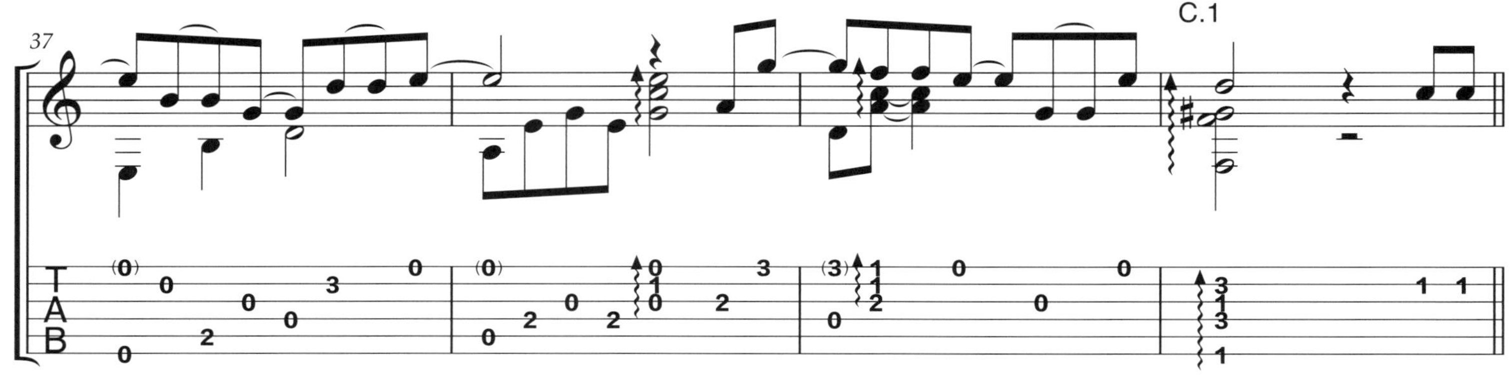

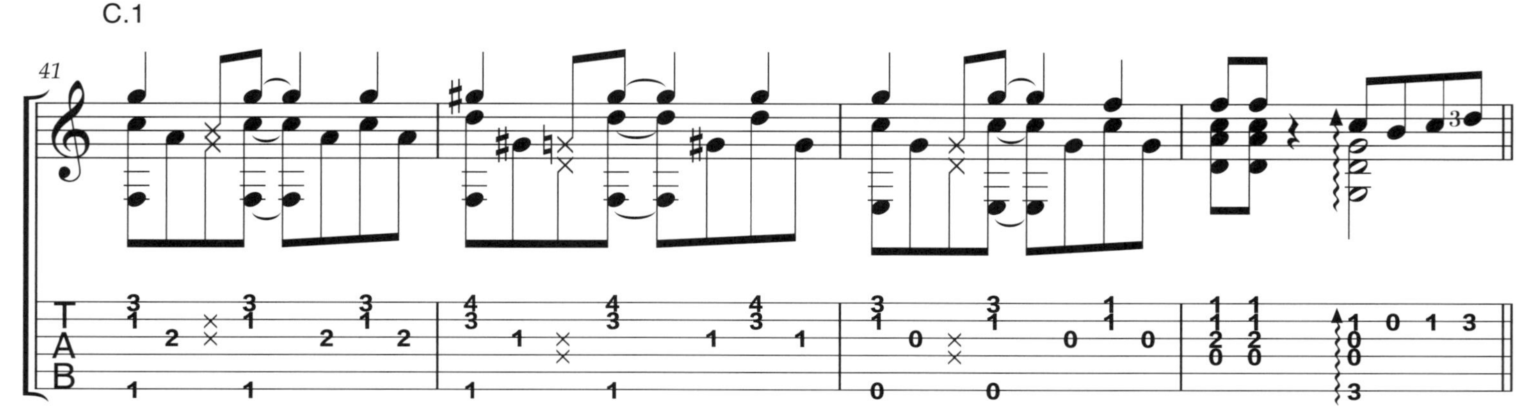

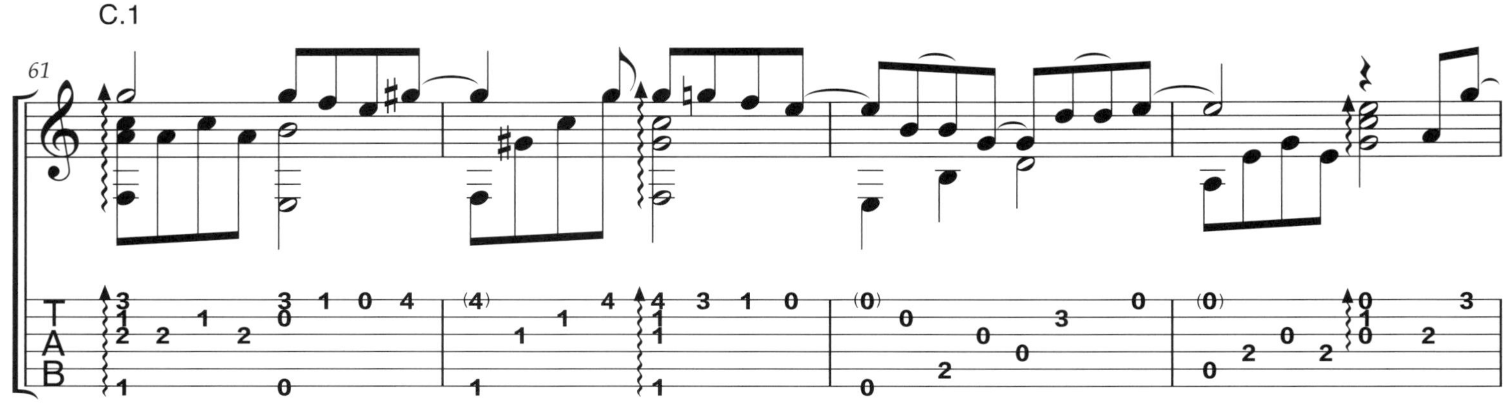
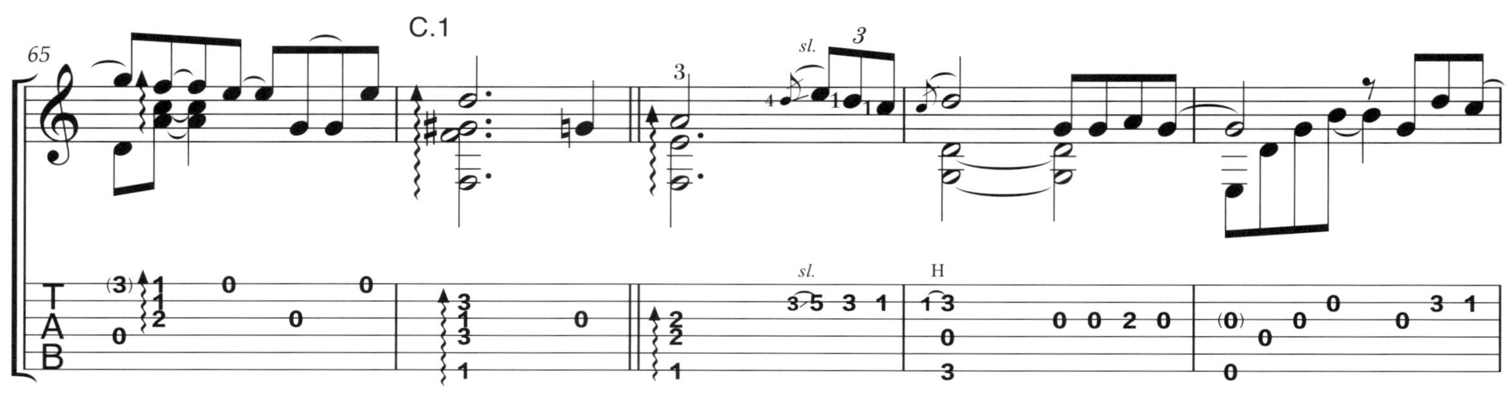
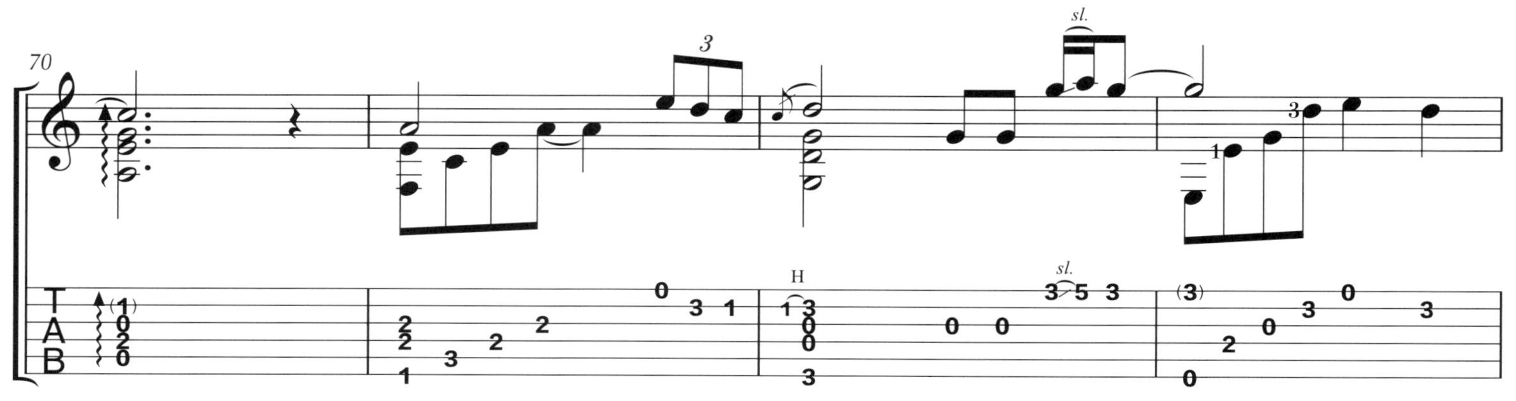
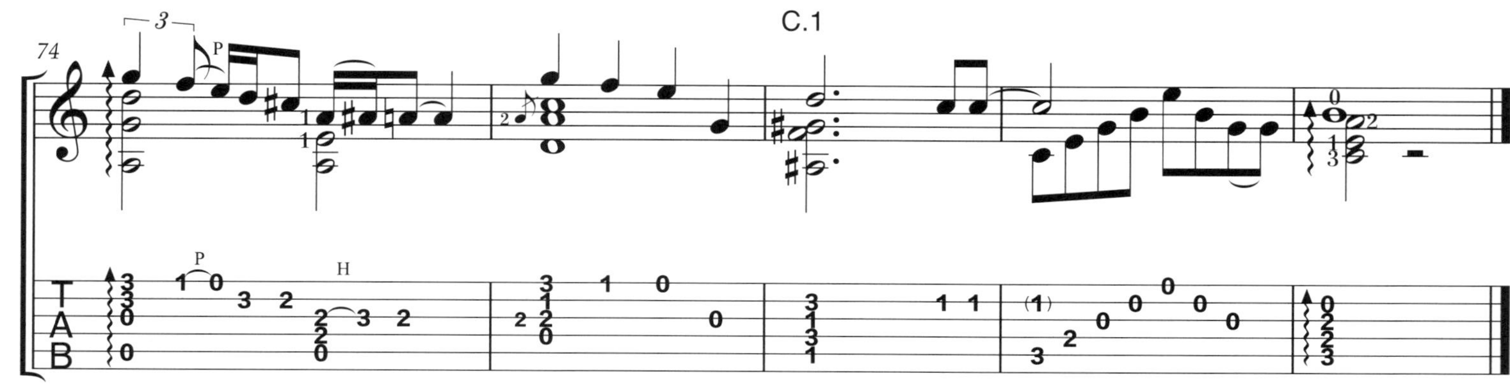

보헤미안 랩소디

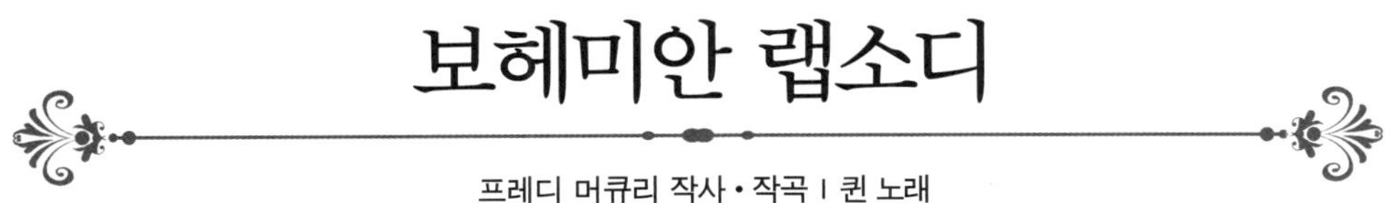

프레디 머큐리 작사 · 작곡 | 퀸 노래

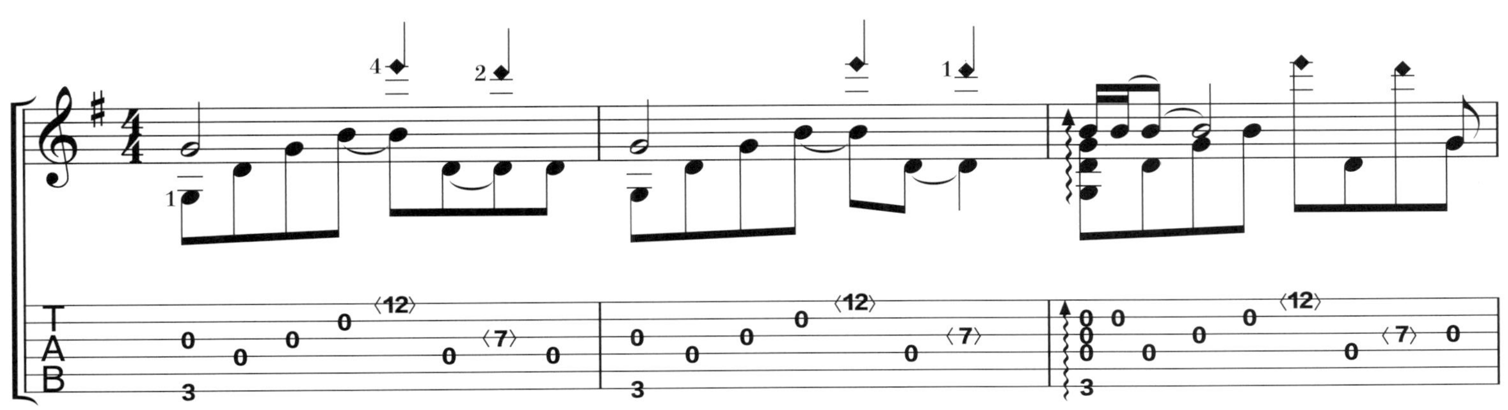

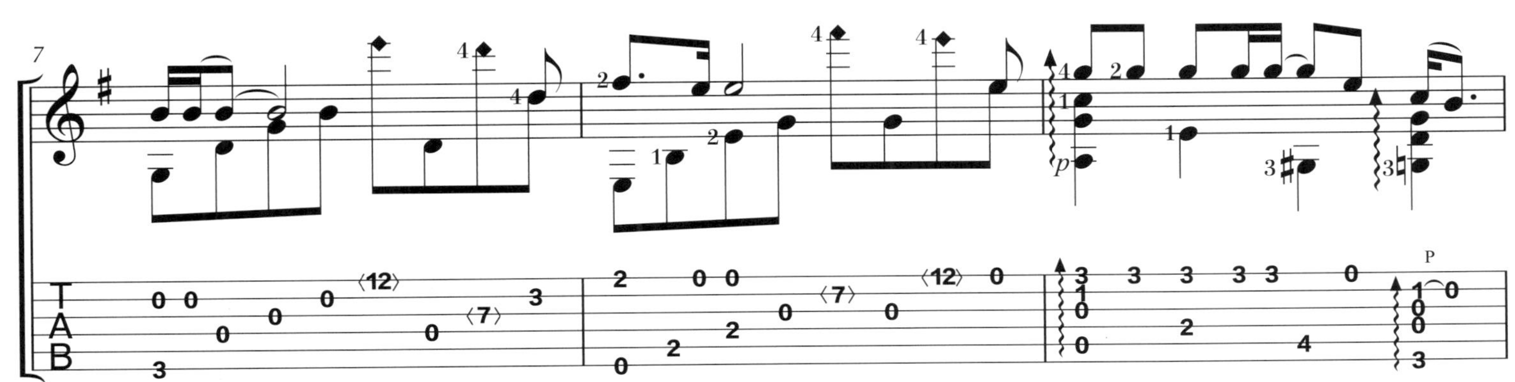

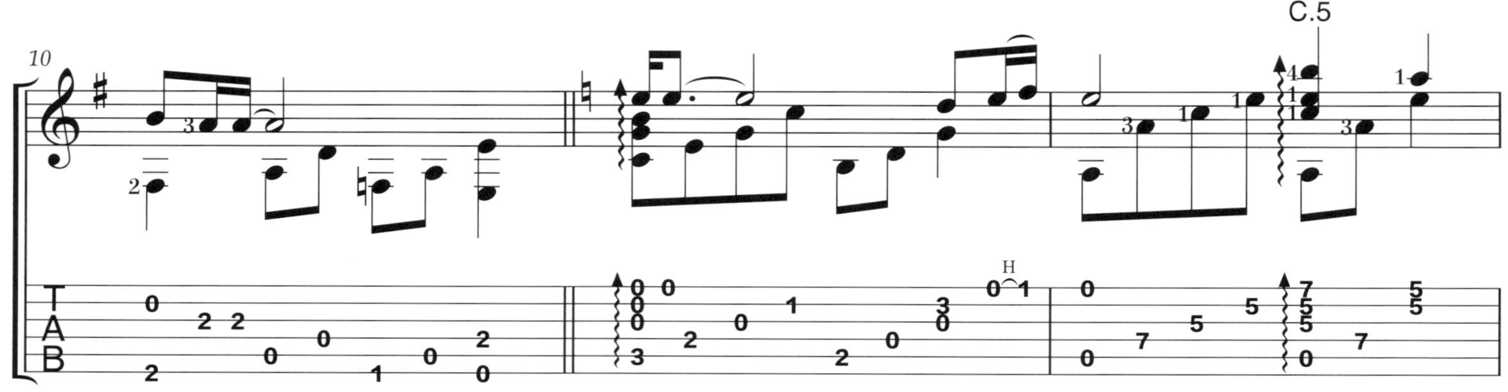
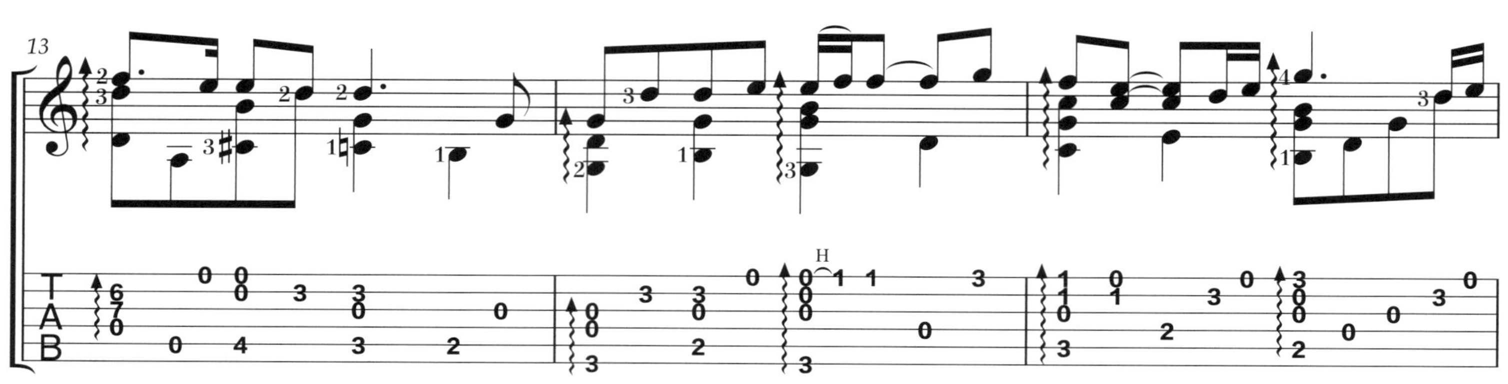
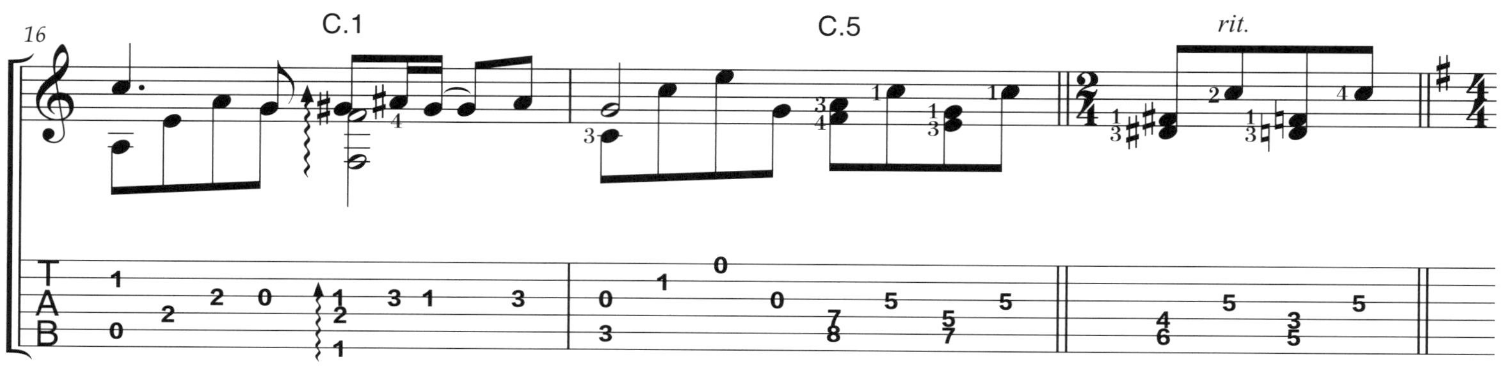
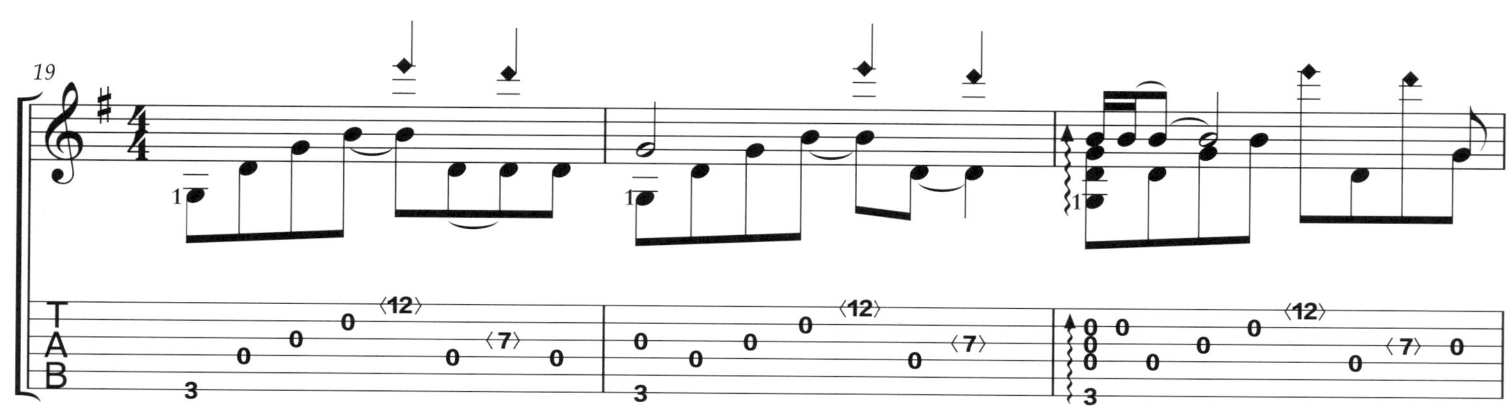

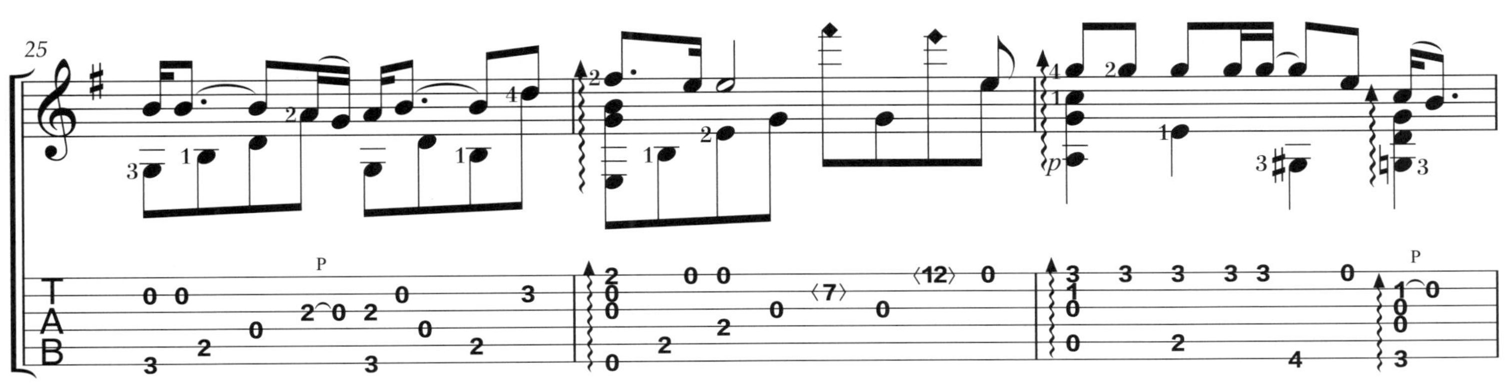

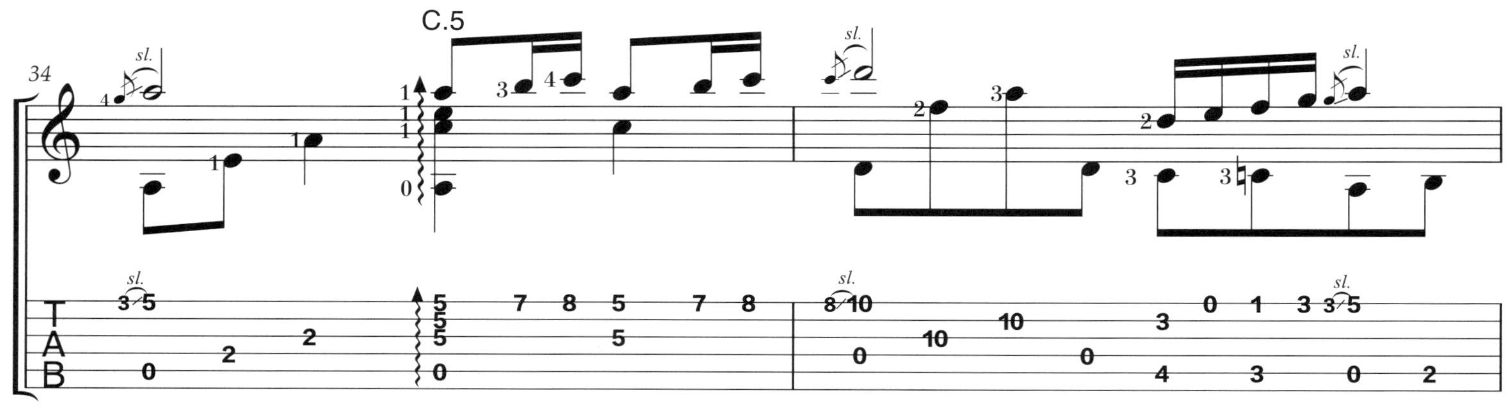
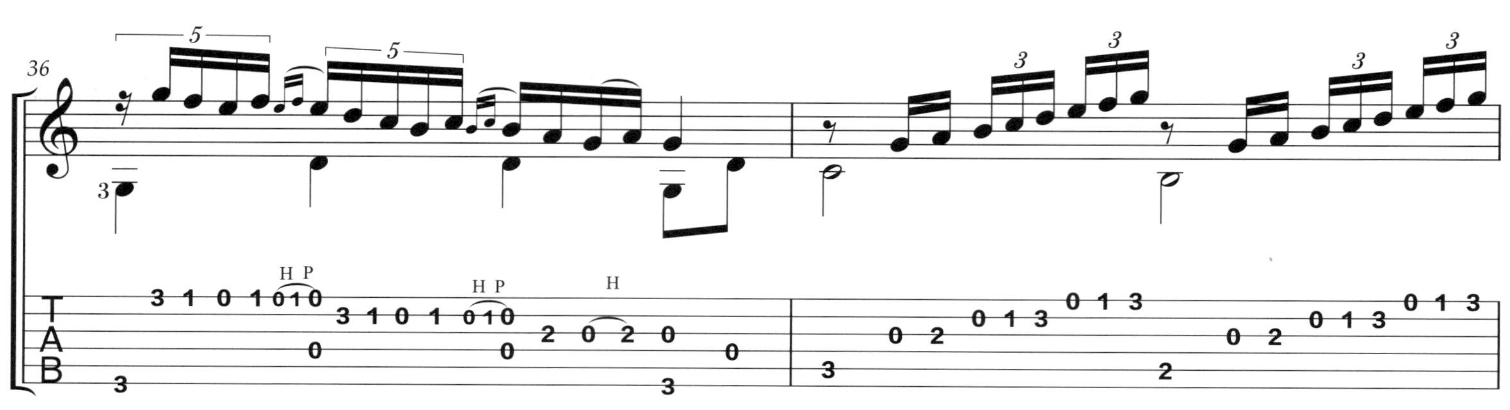
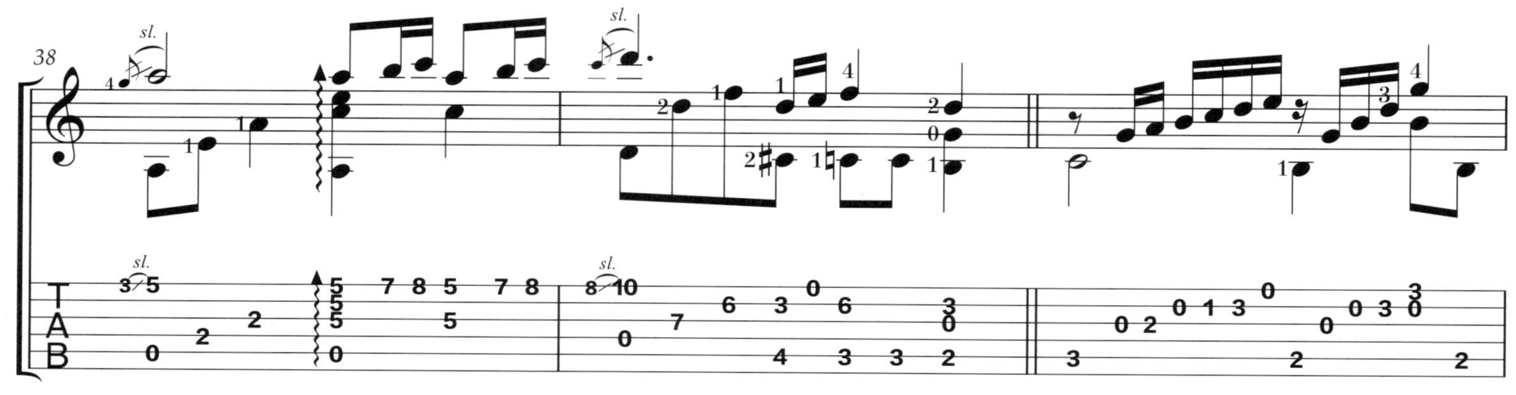

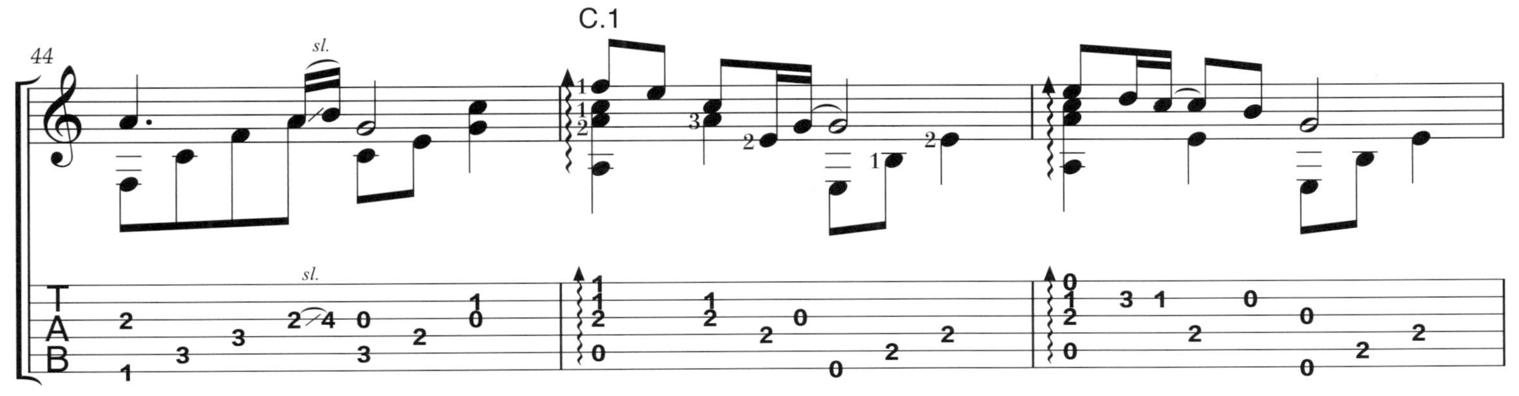

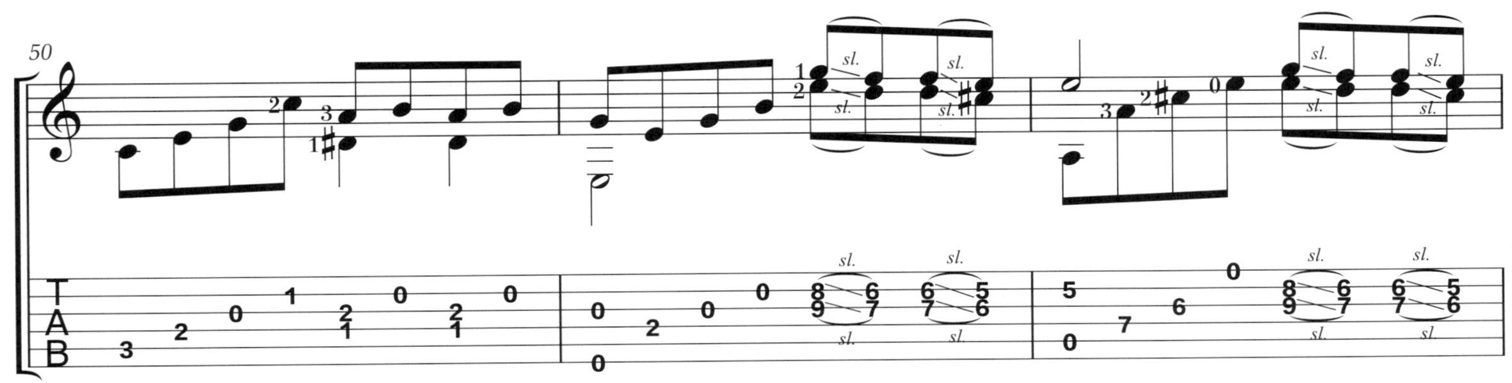
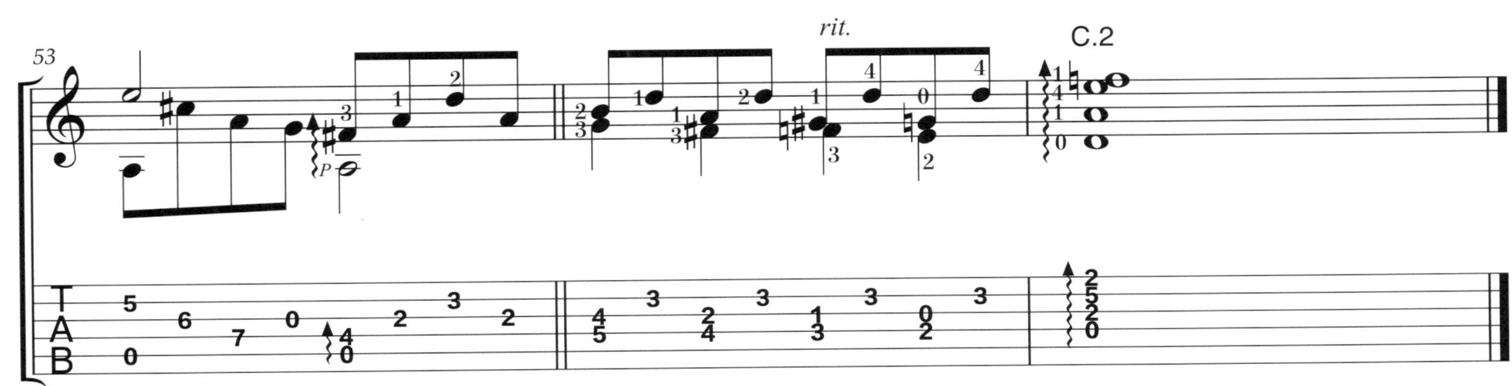

호텔 캘리포니아

돈 헨리, 돈 펠더, 글렌 프레이 작사 · 작곡 | 이글스 노래

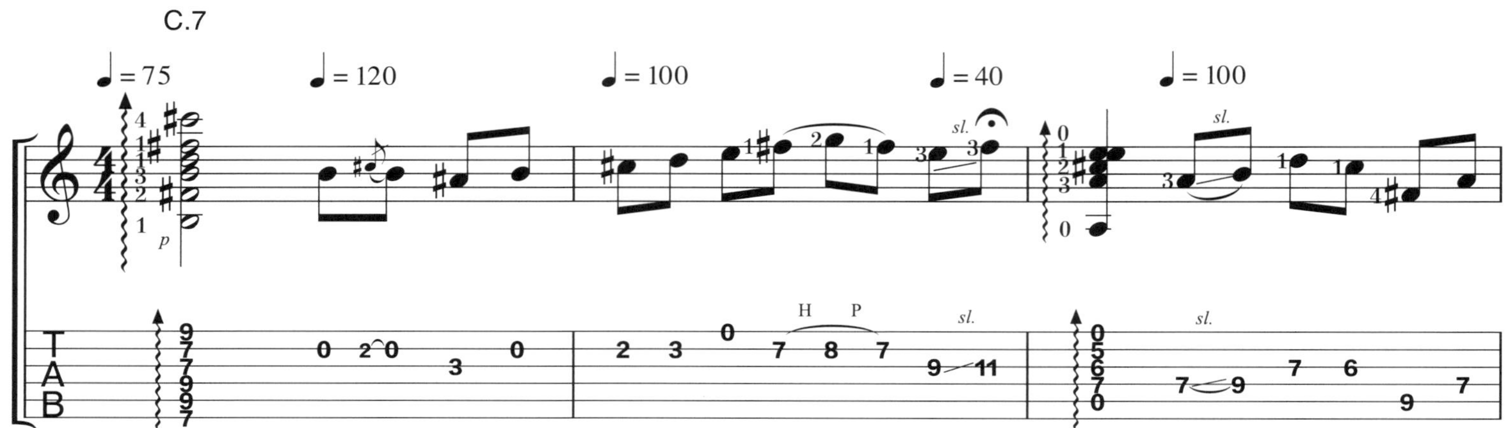

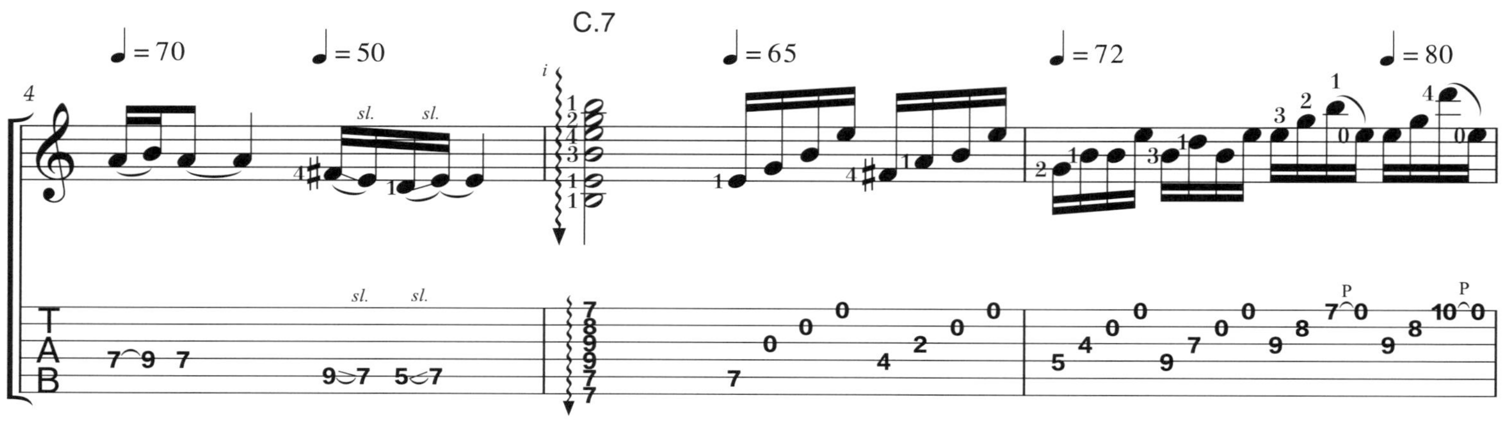

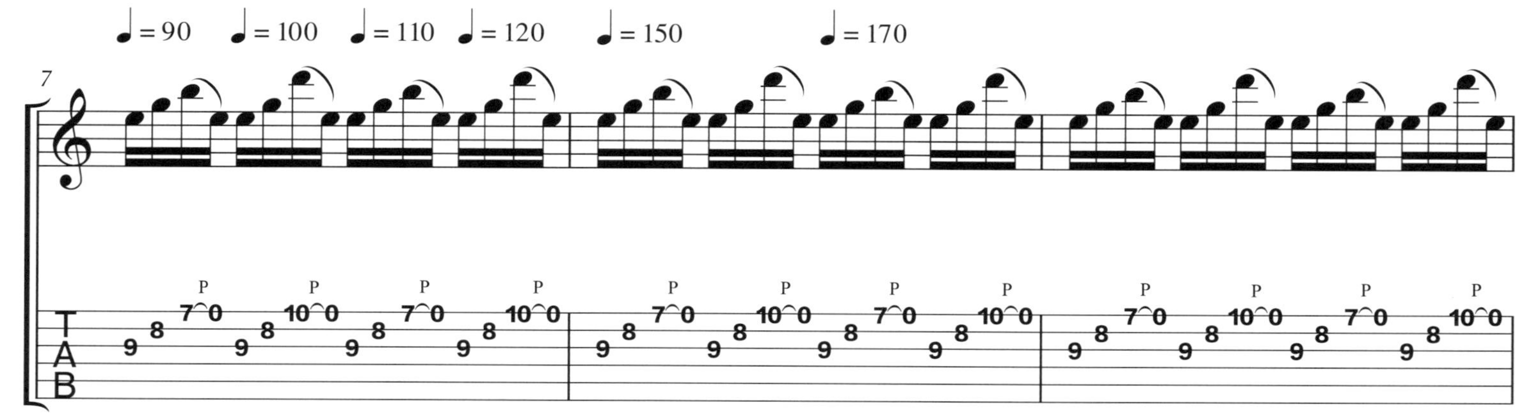

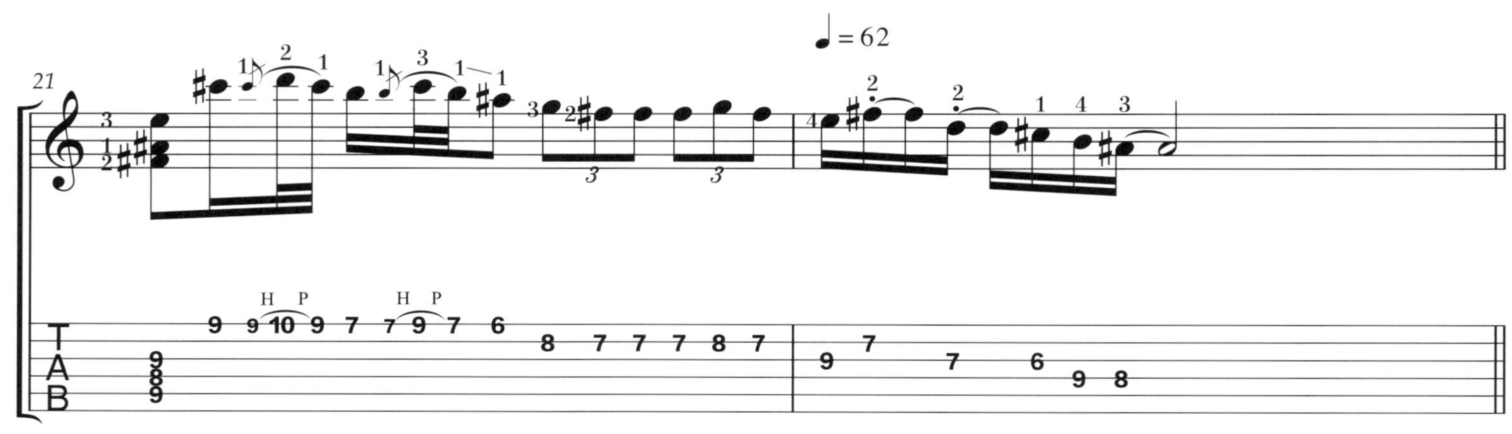

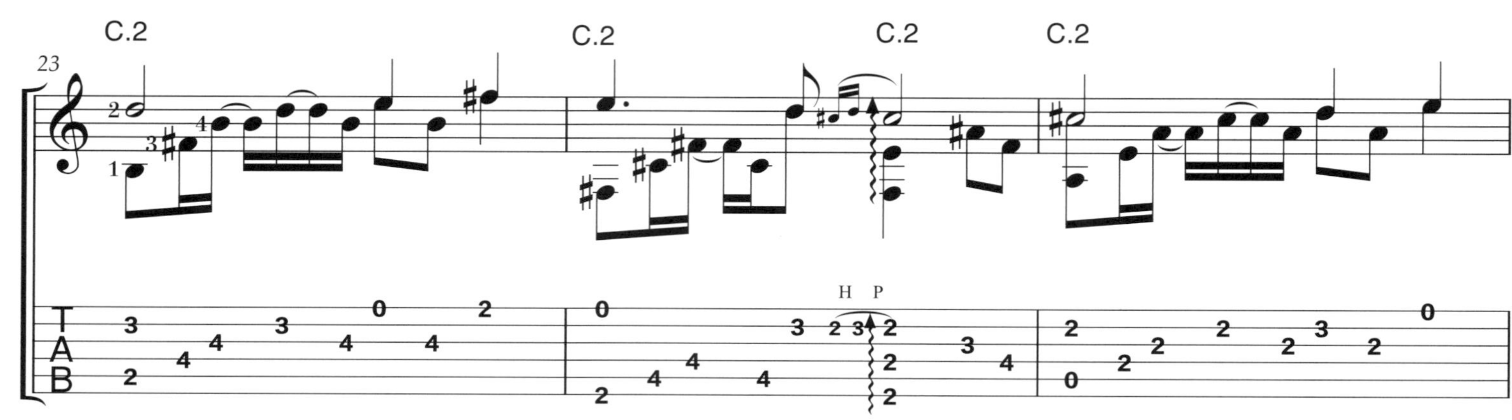

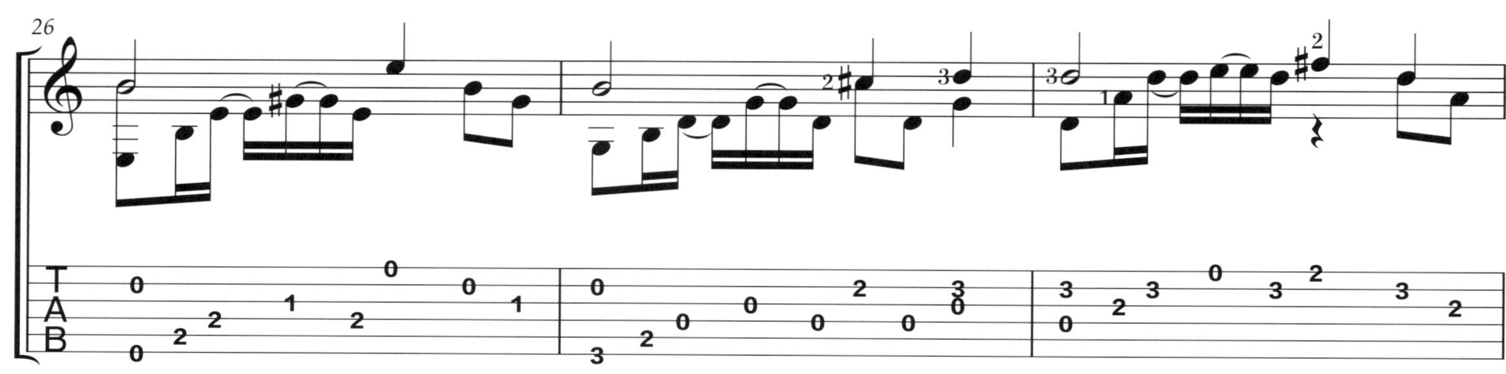

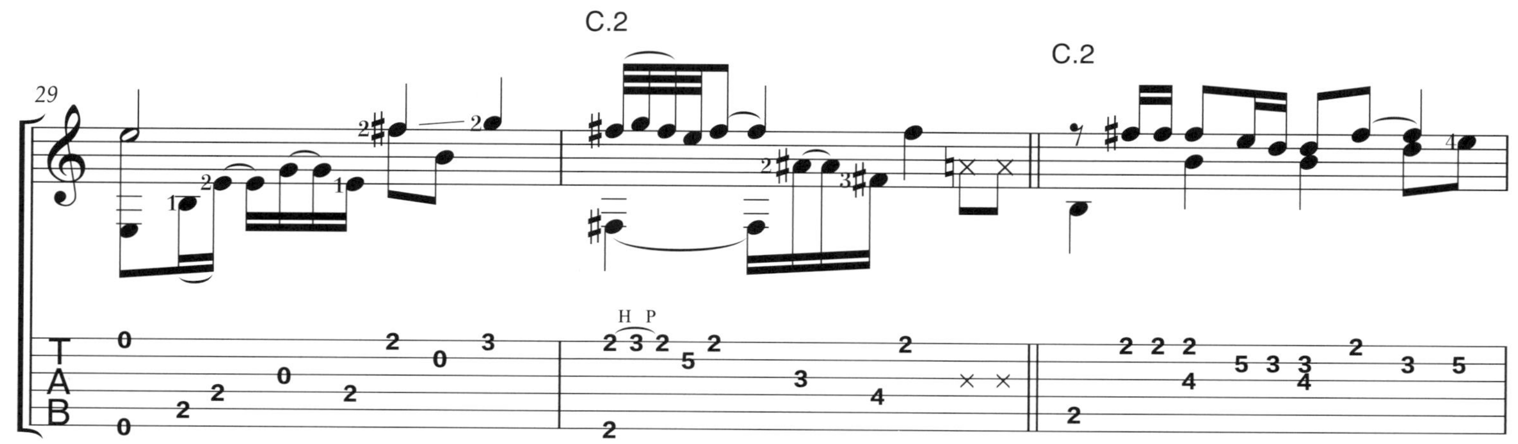

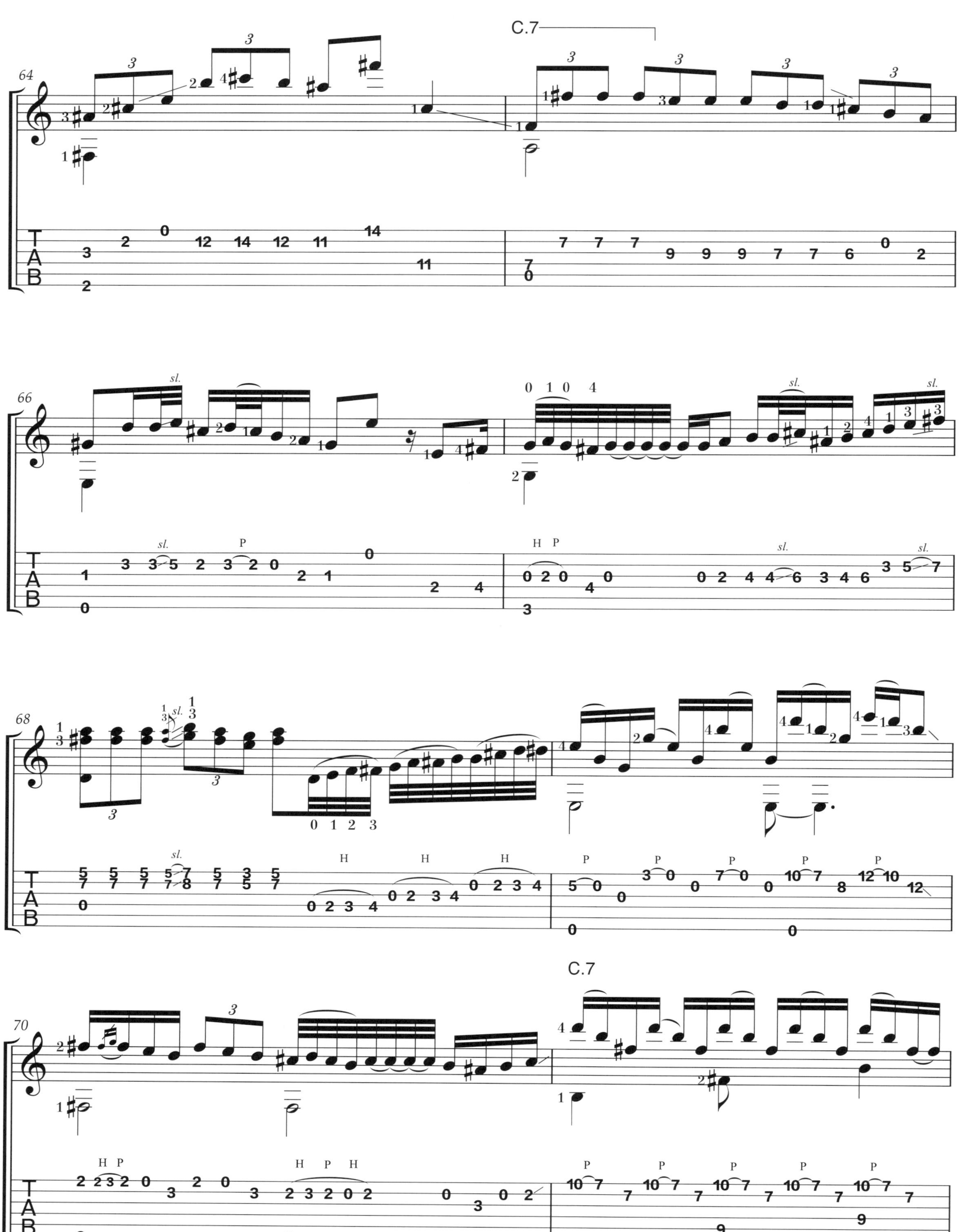
C.7
C.7
96

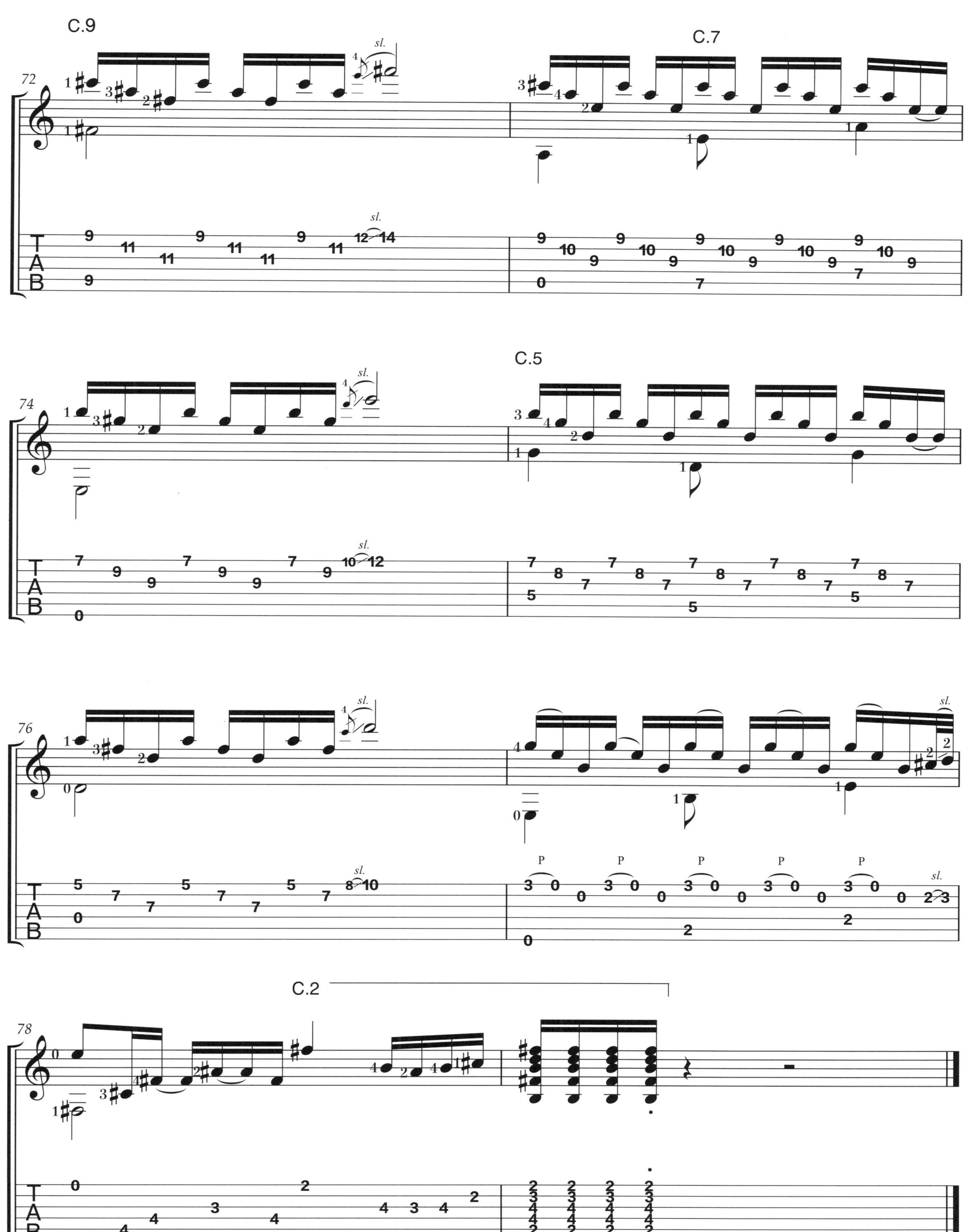

Fight

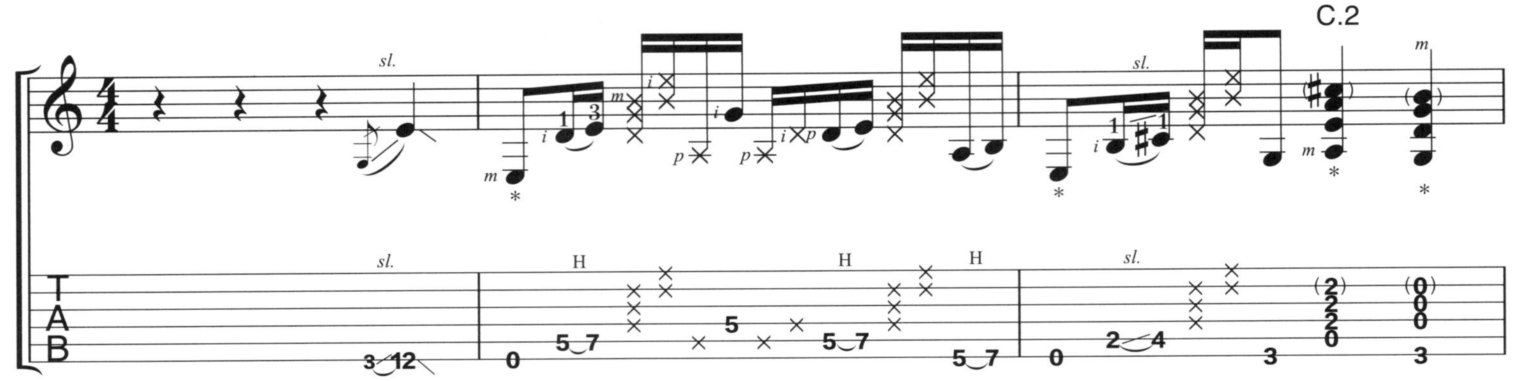

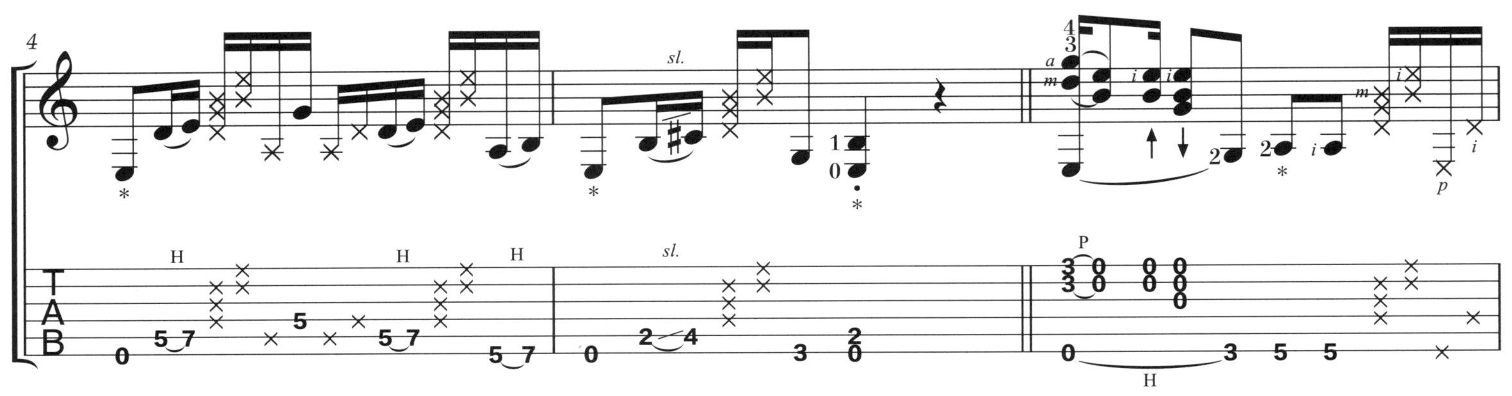

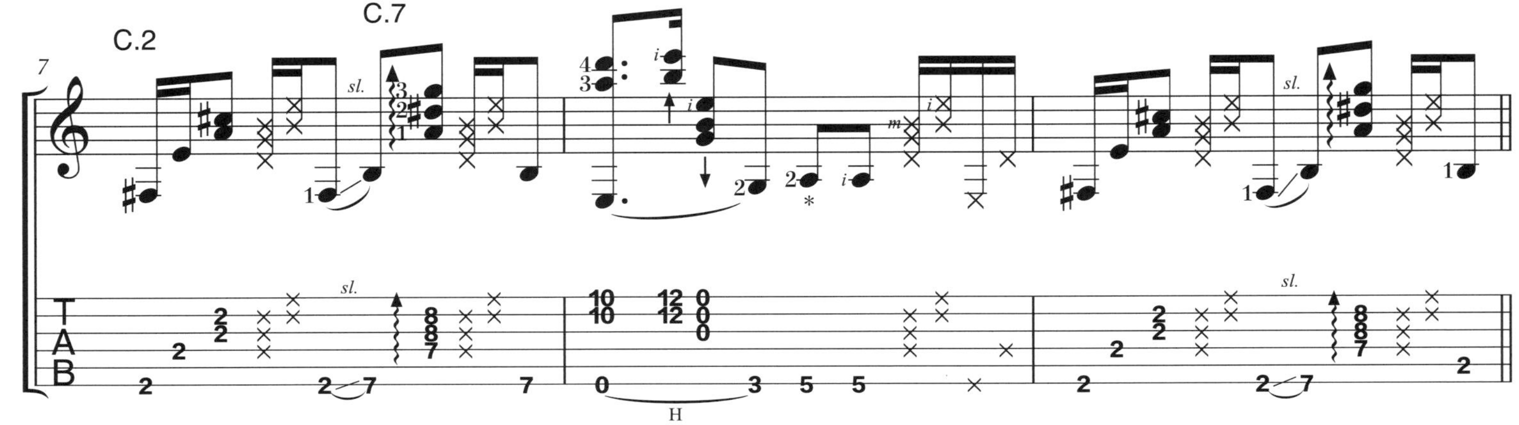

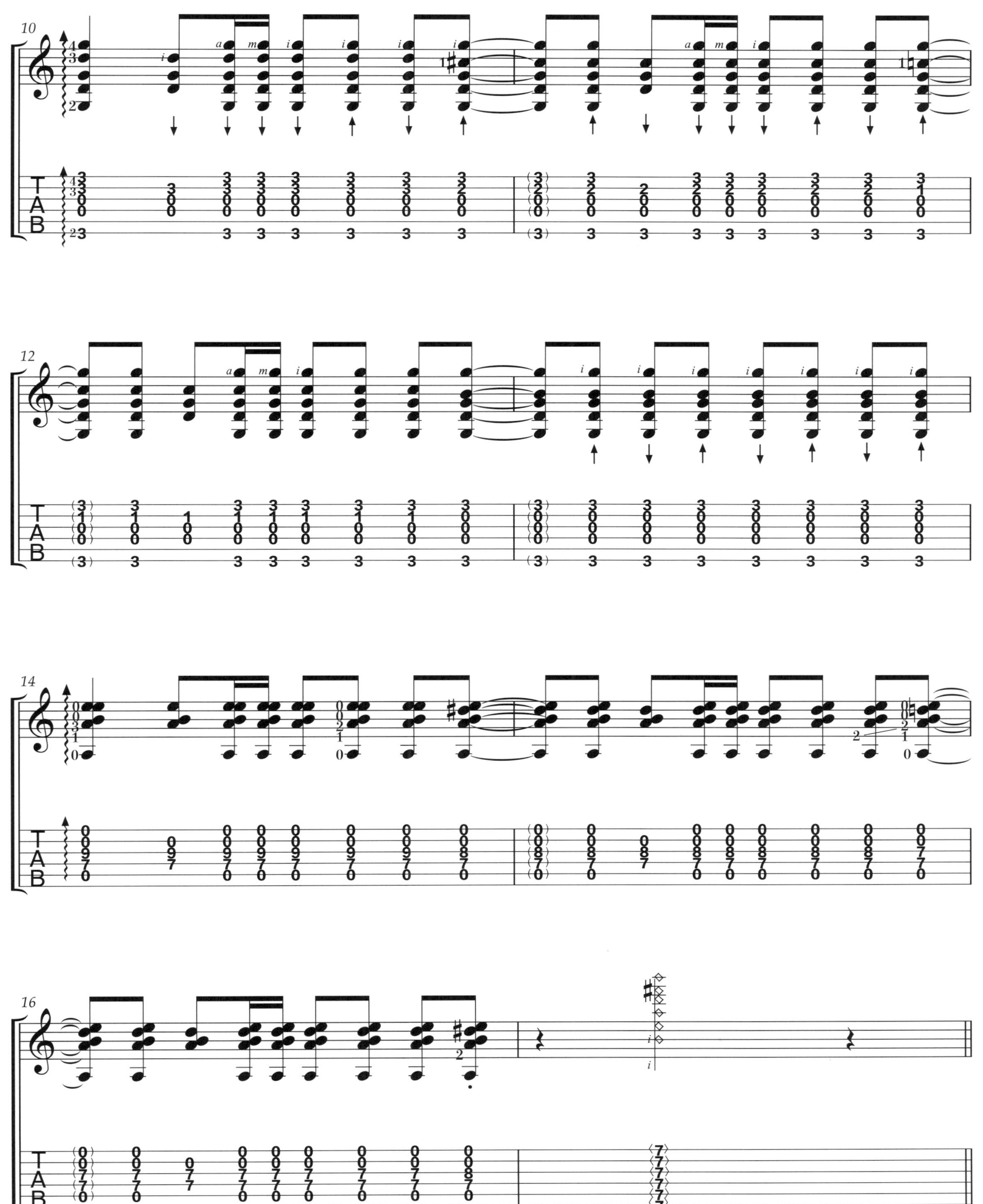

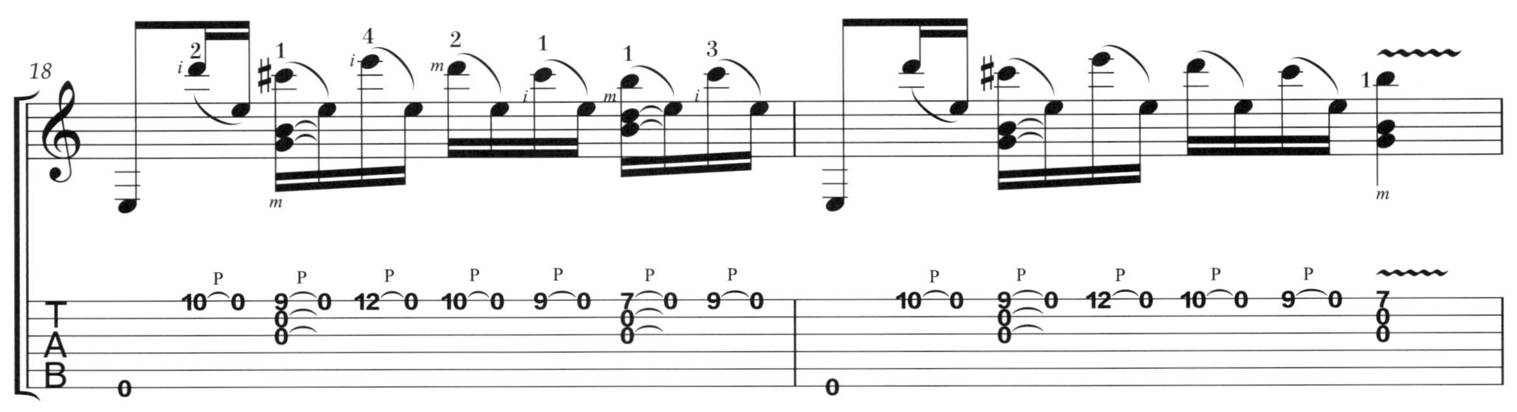
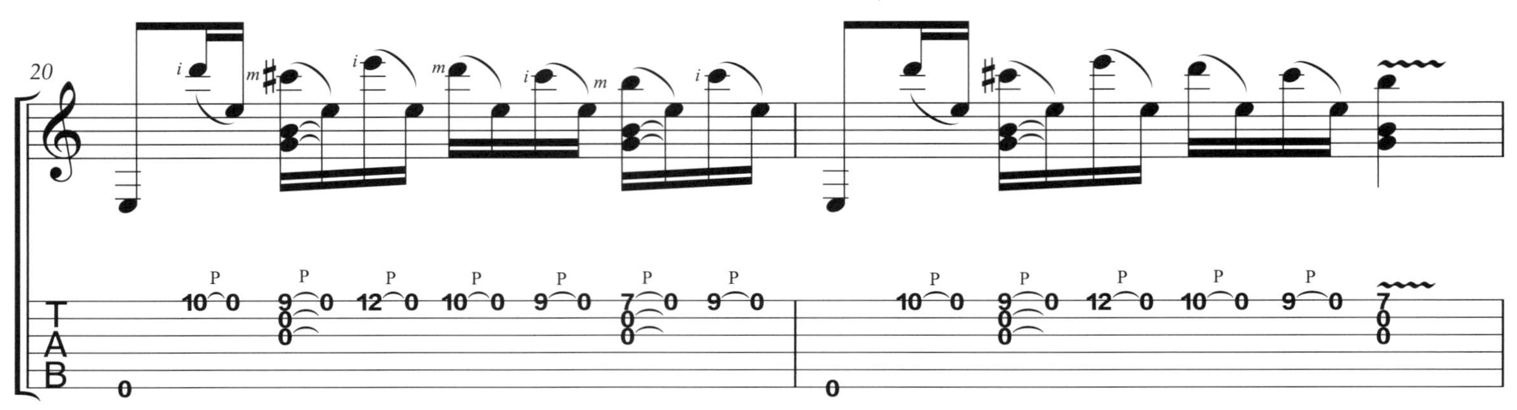
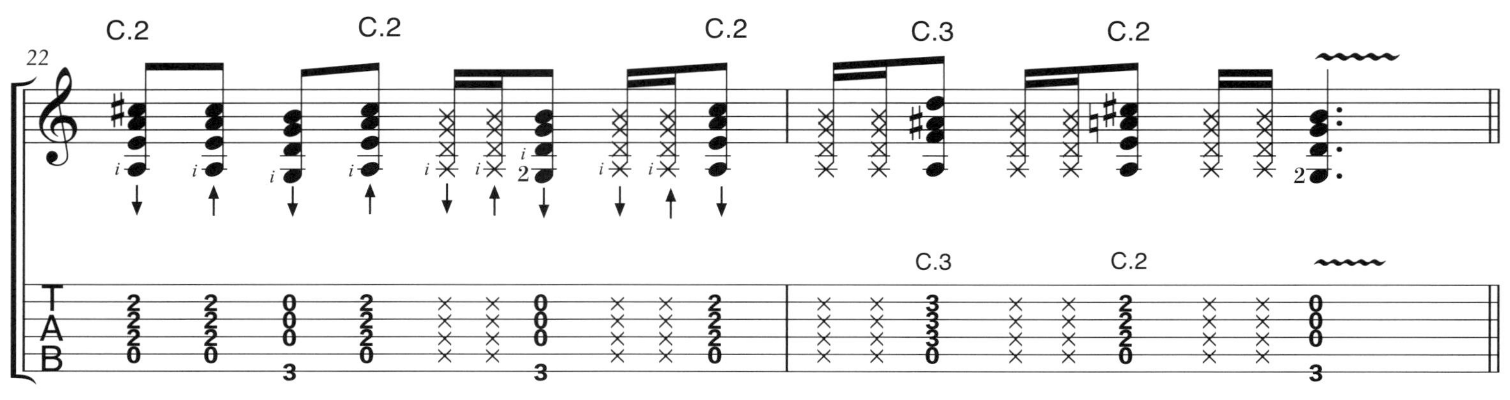
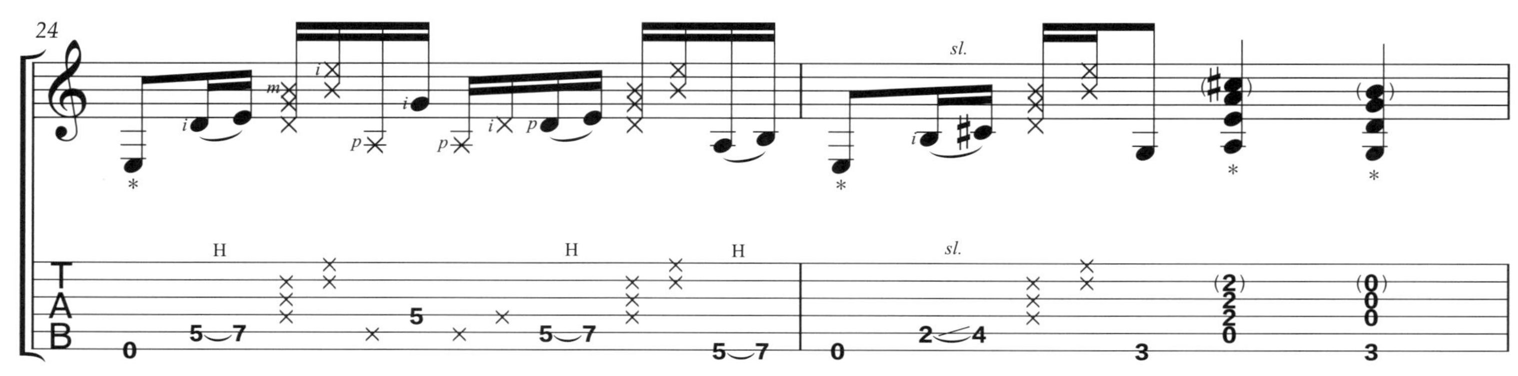

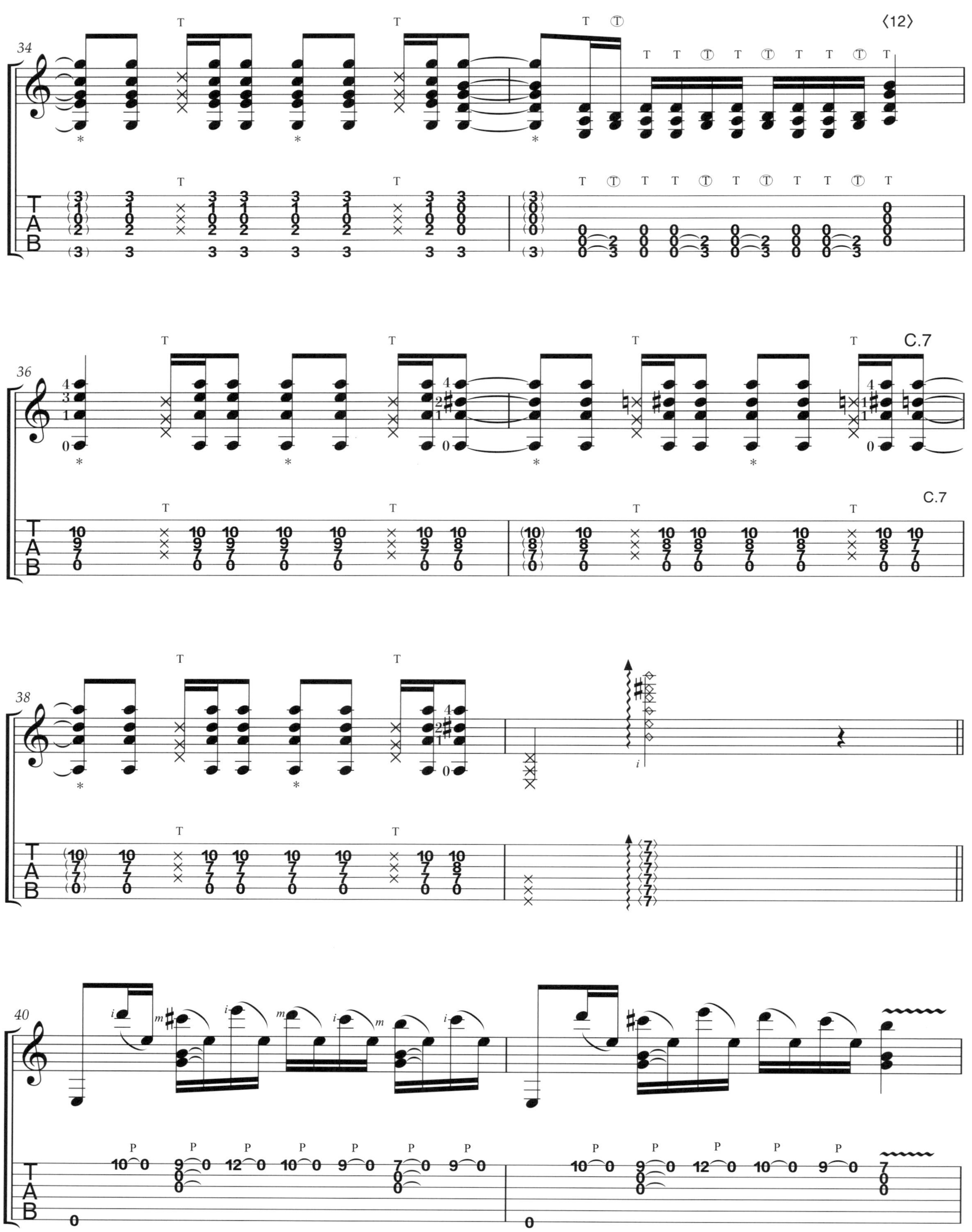

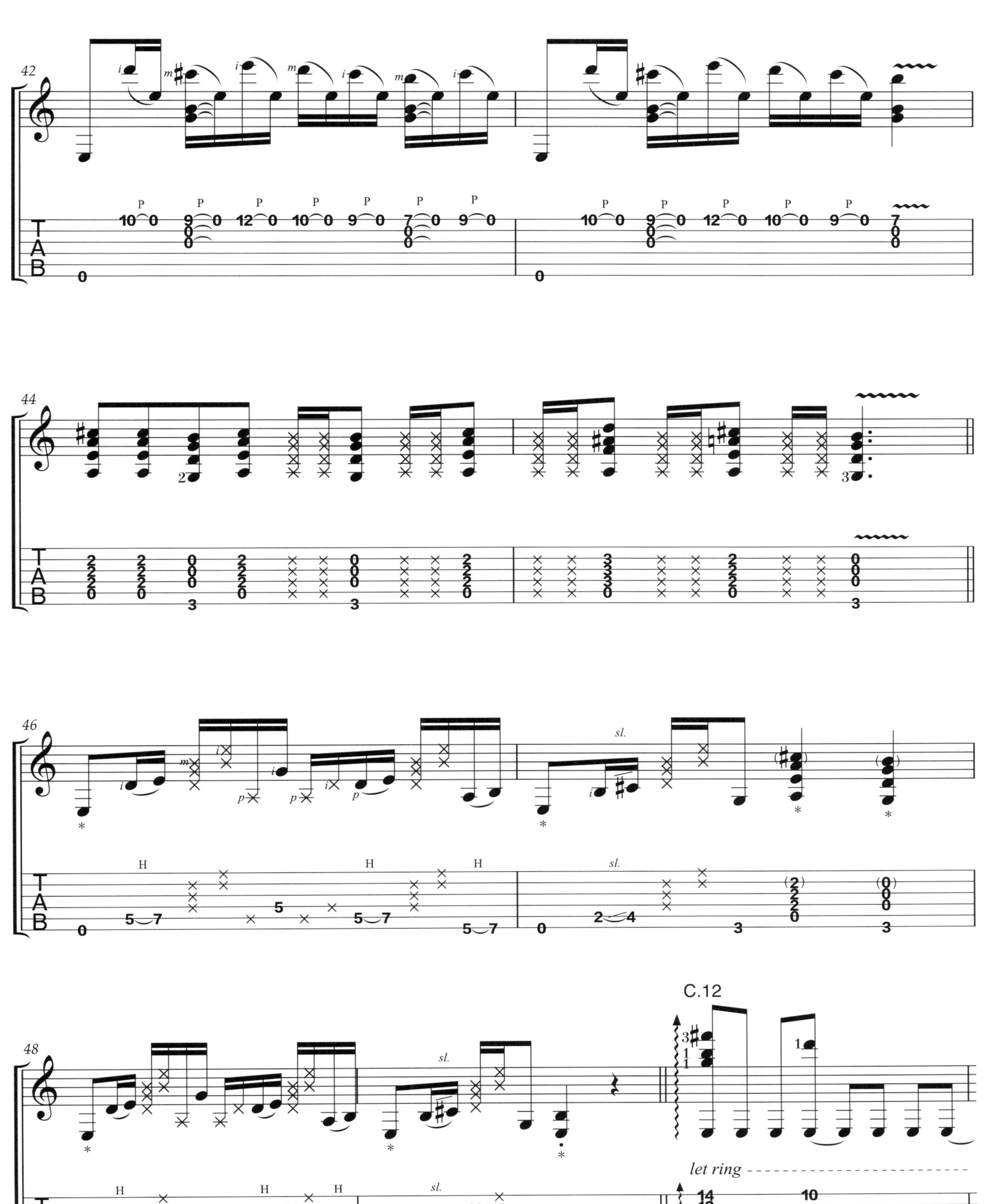

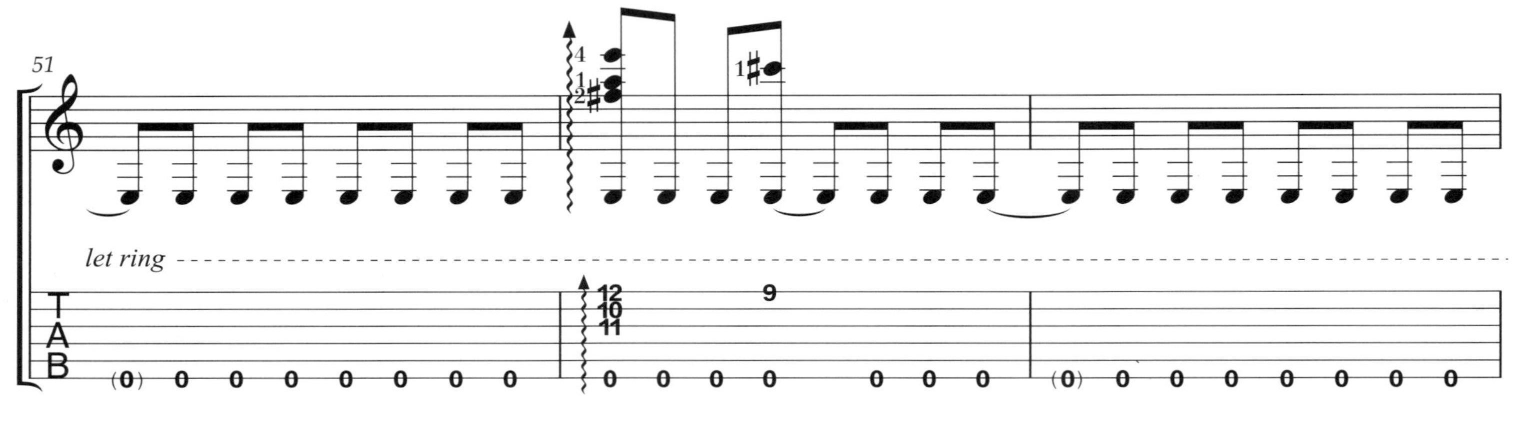

51
let ring

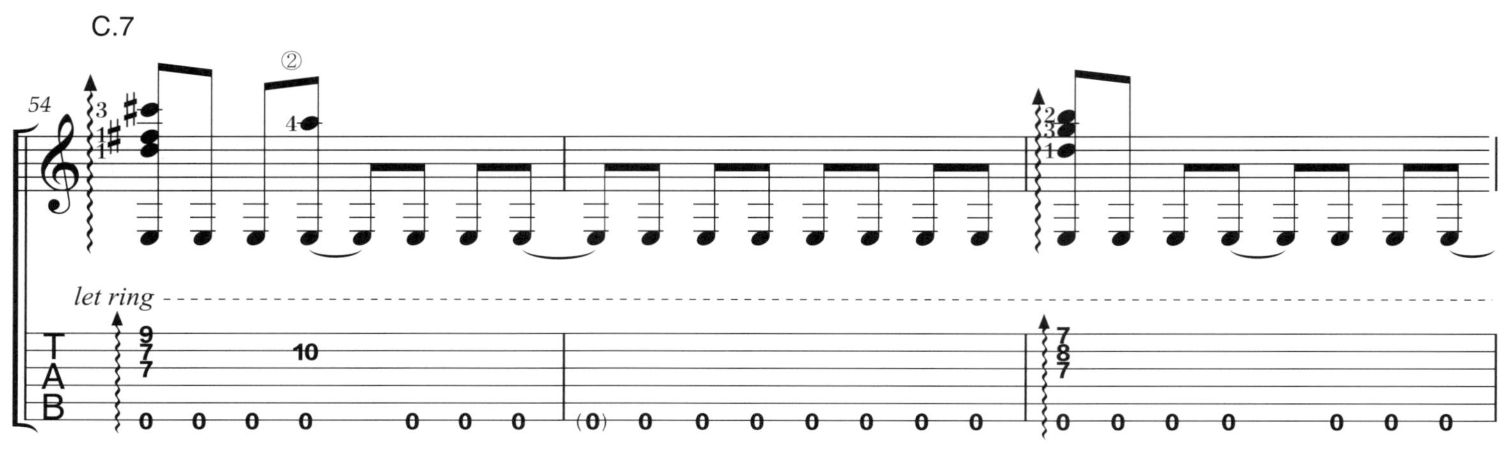

C.7
②
54
let ring

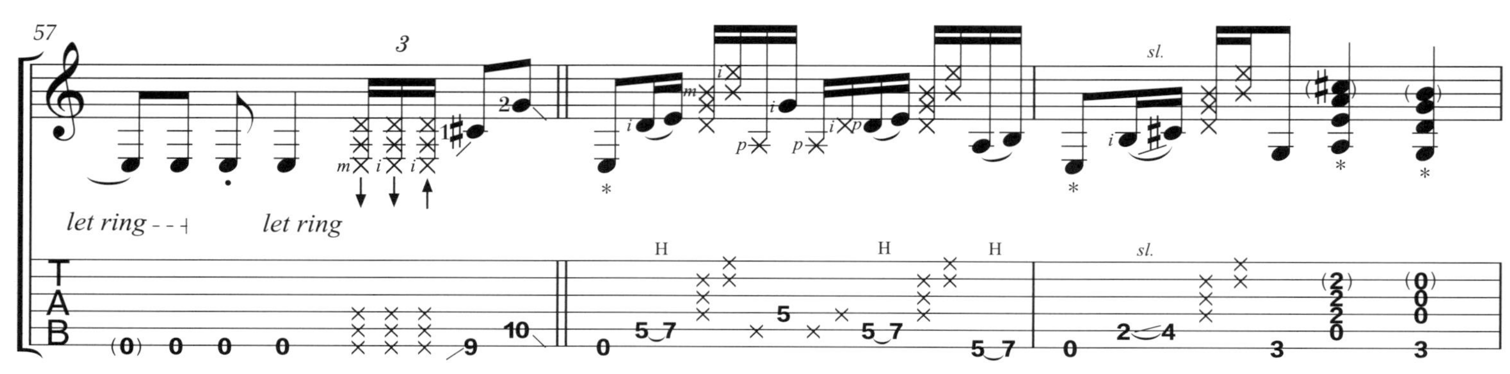

57
3
let ring
let ring
sl.
sl.

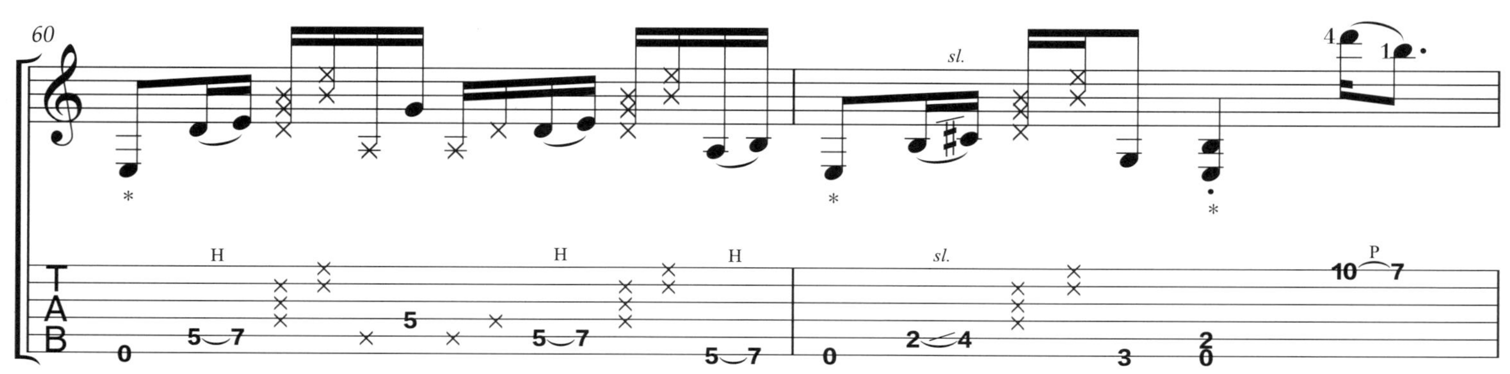

60
sl.

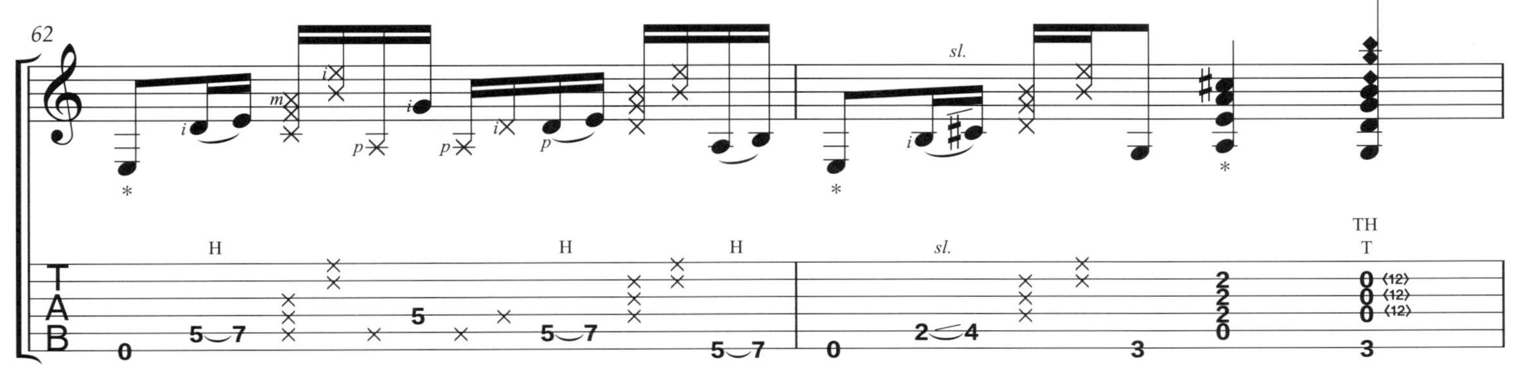
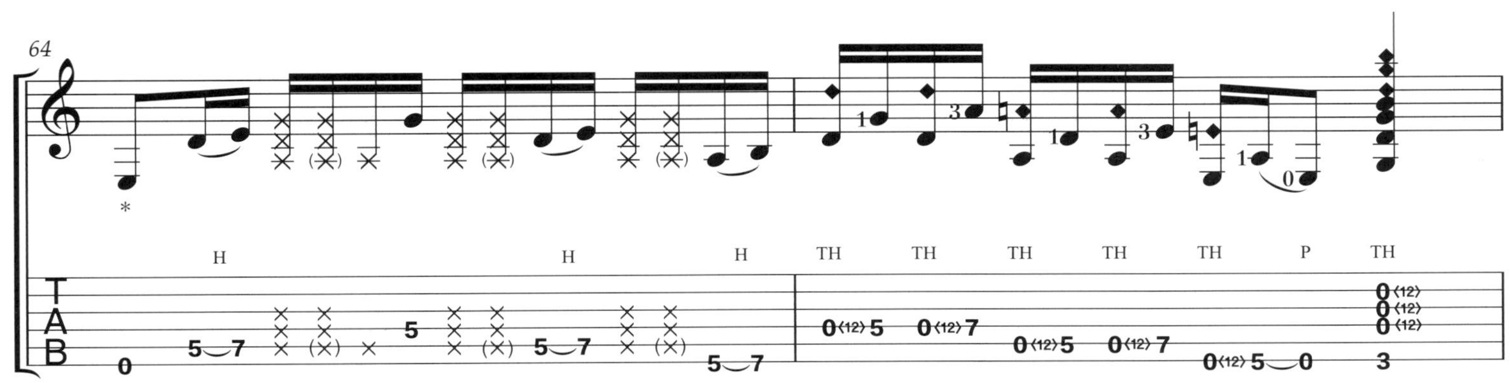
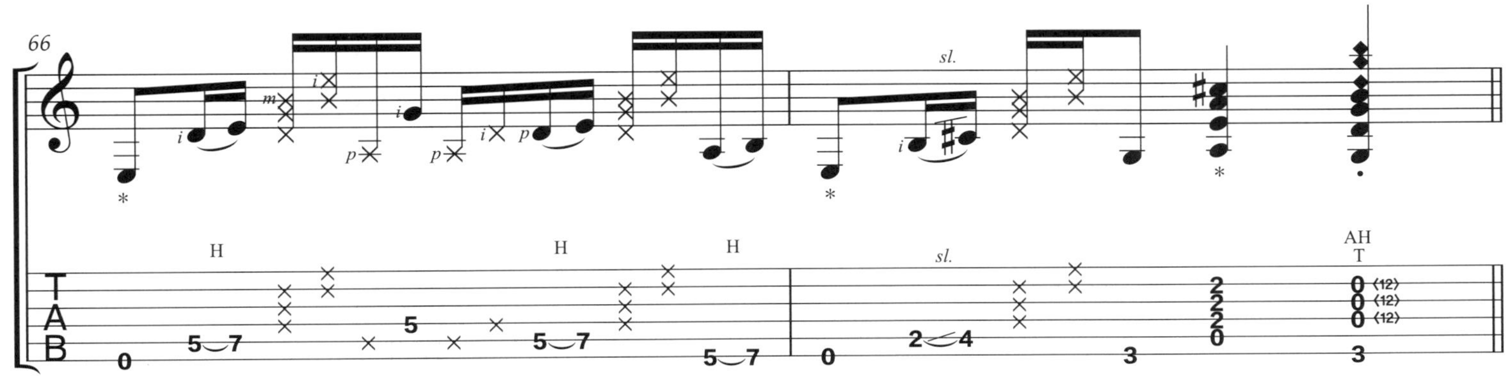
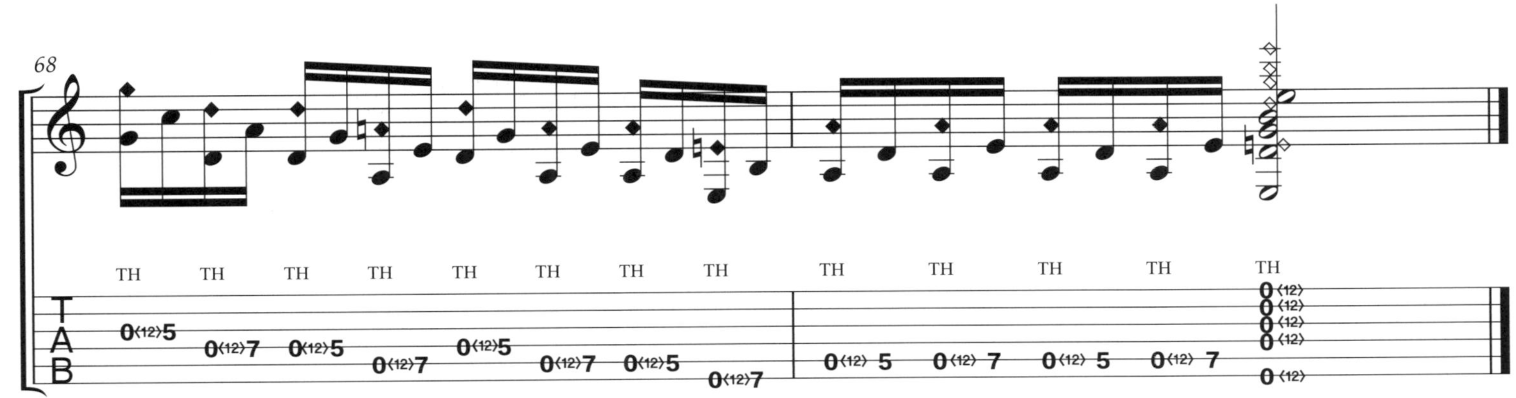

작은 별 변주곡

모차르트 작곡

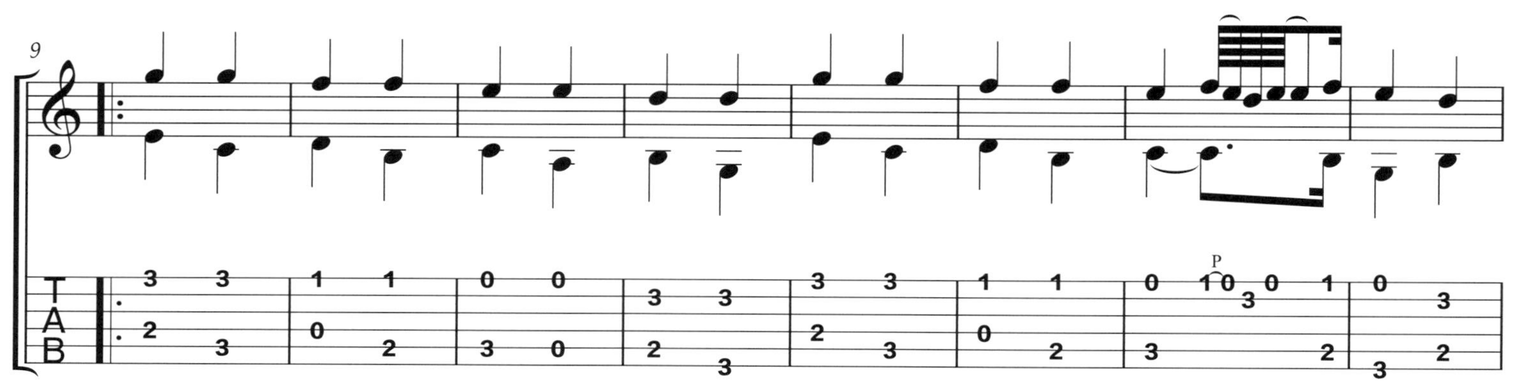

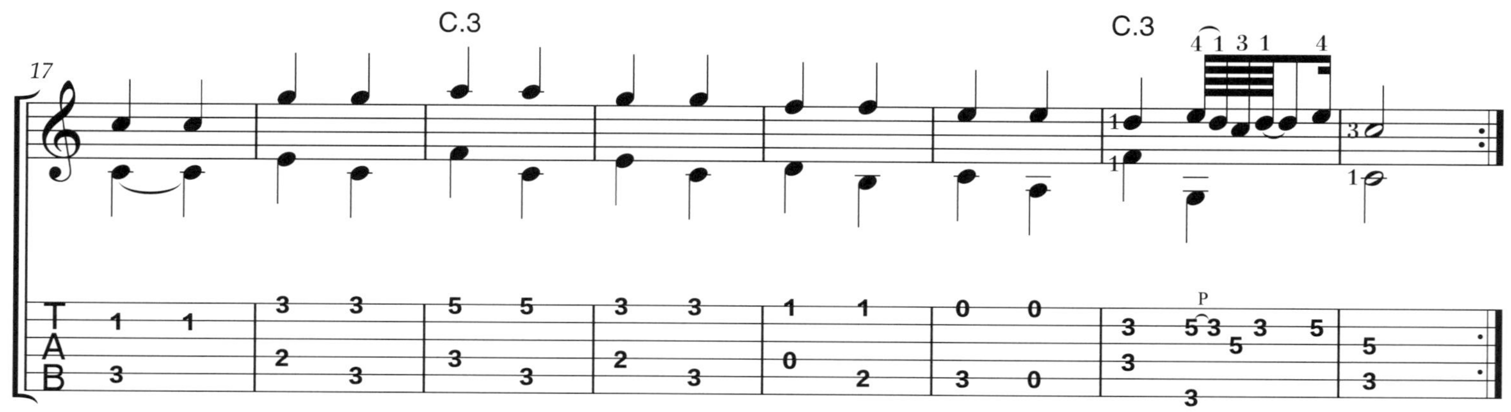

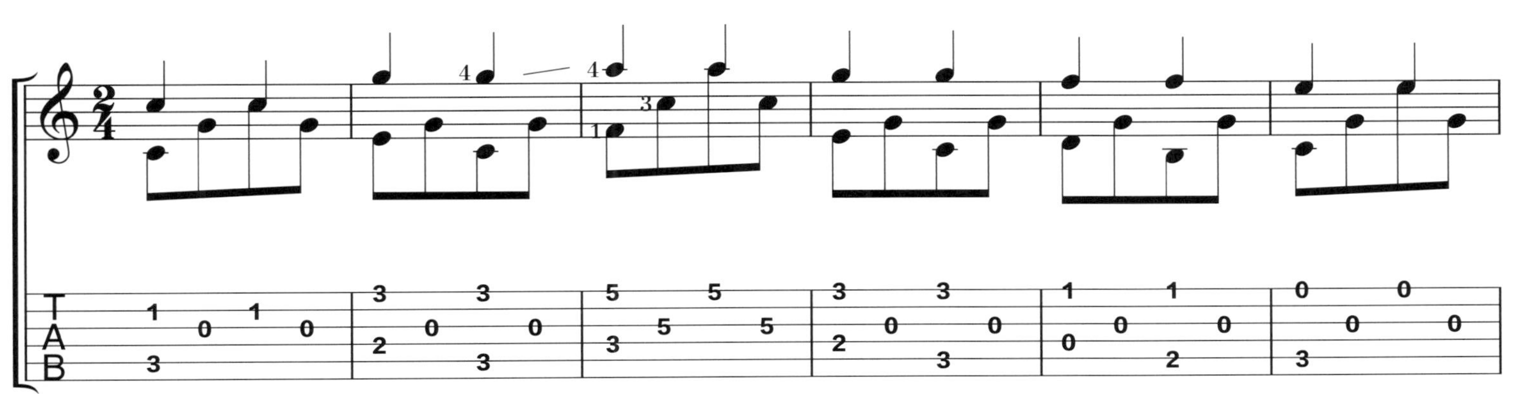

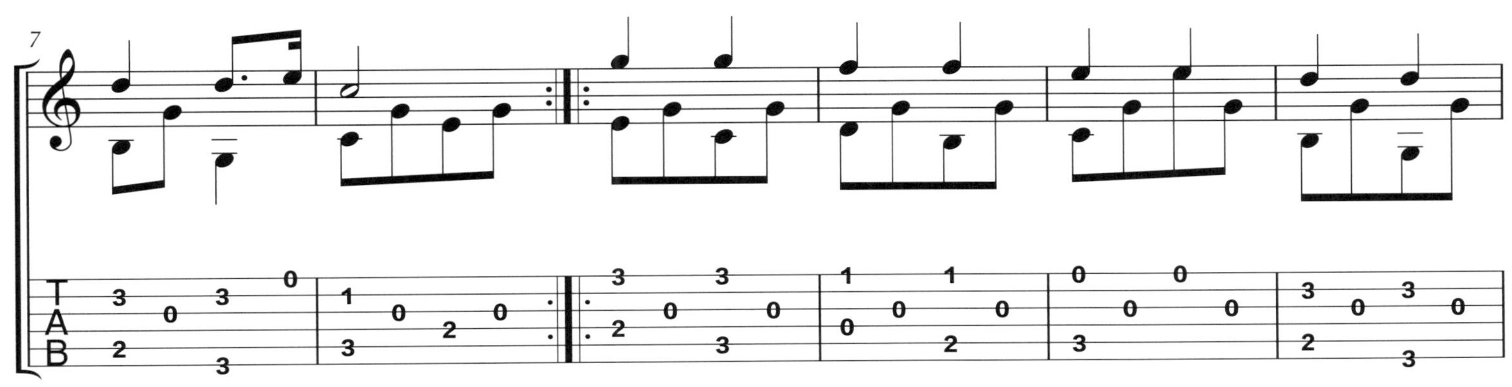

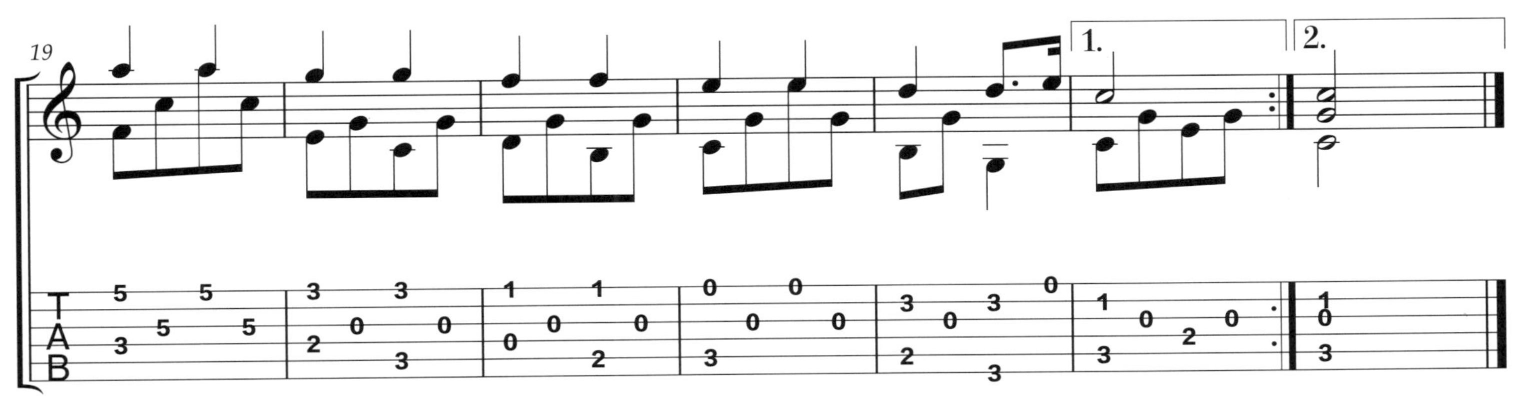

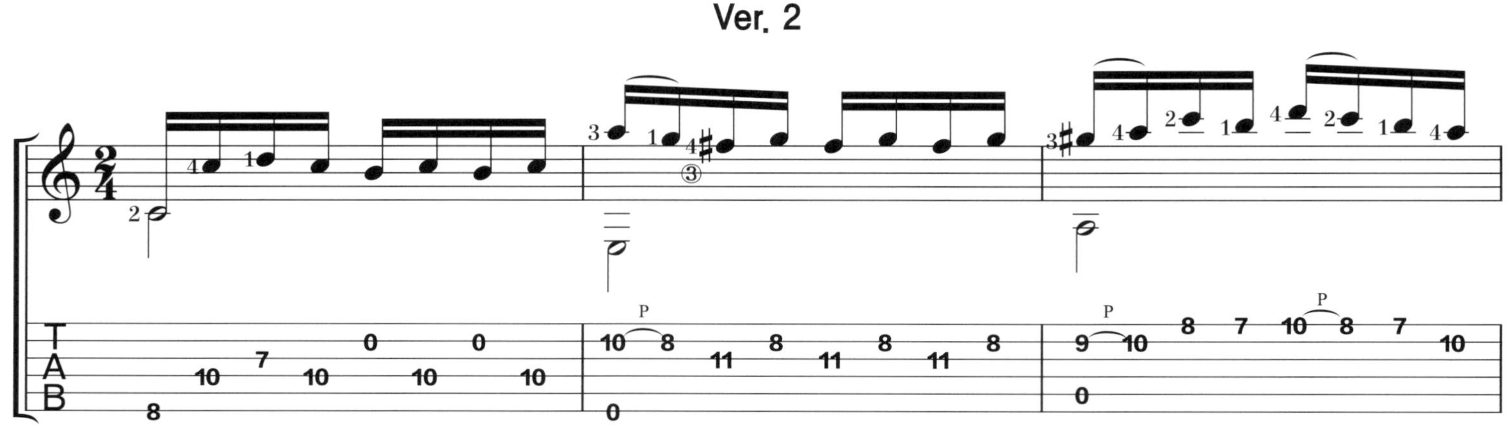
Ver. 2

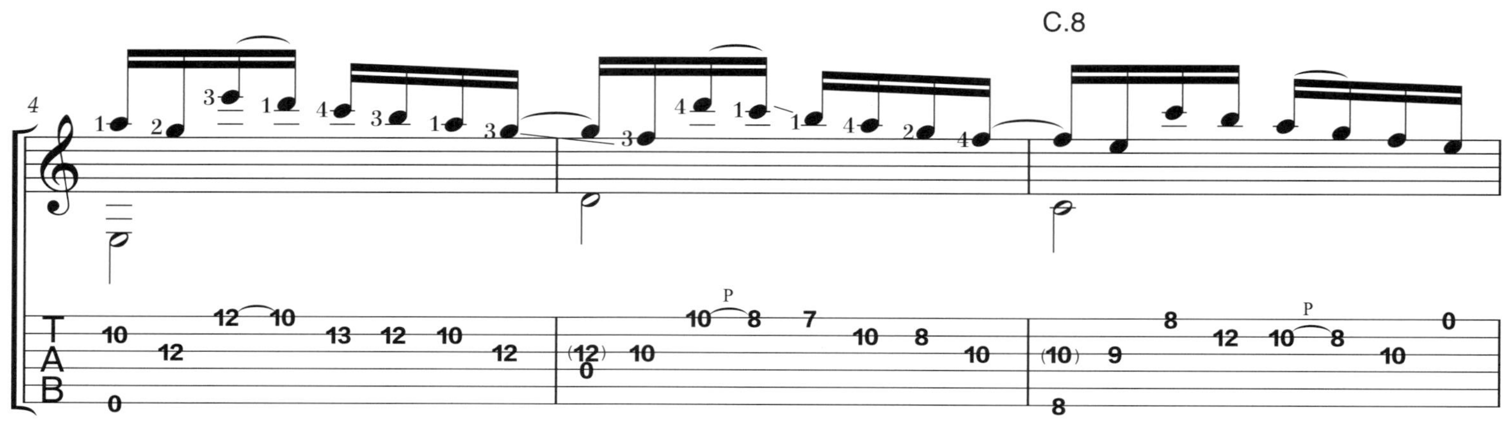
C.8

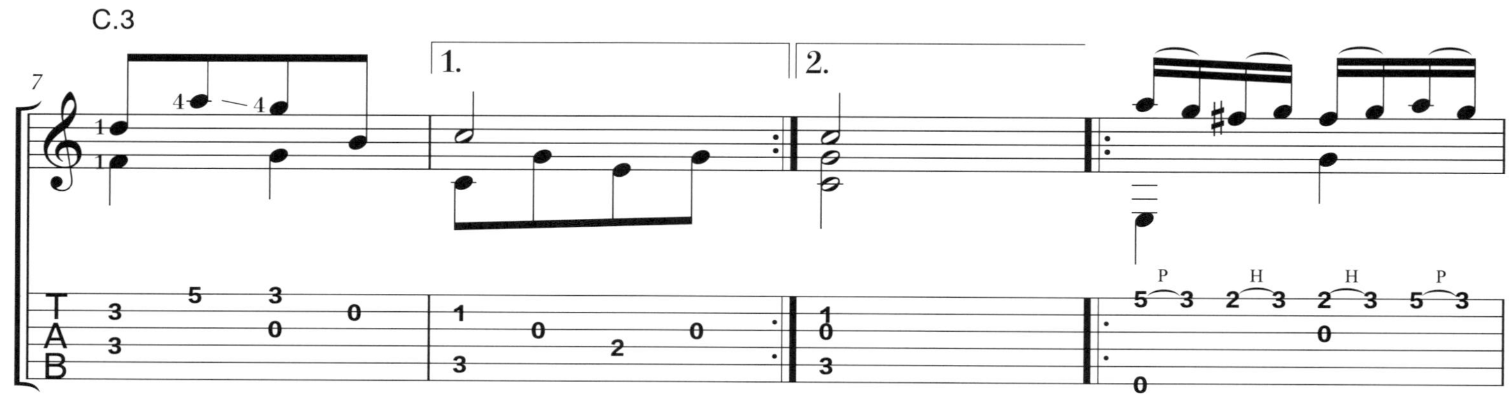
C.3
1.
2.

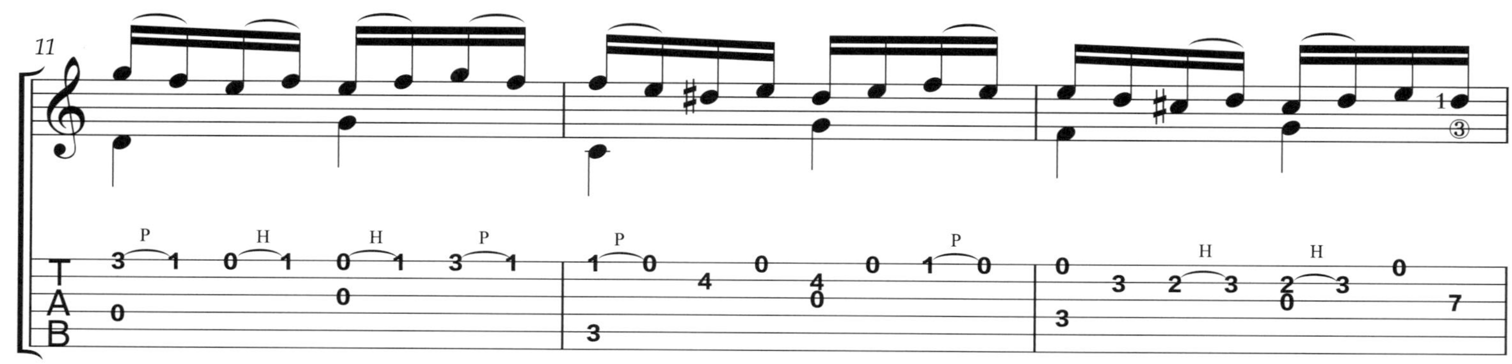

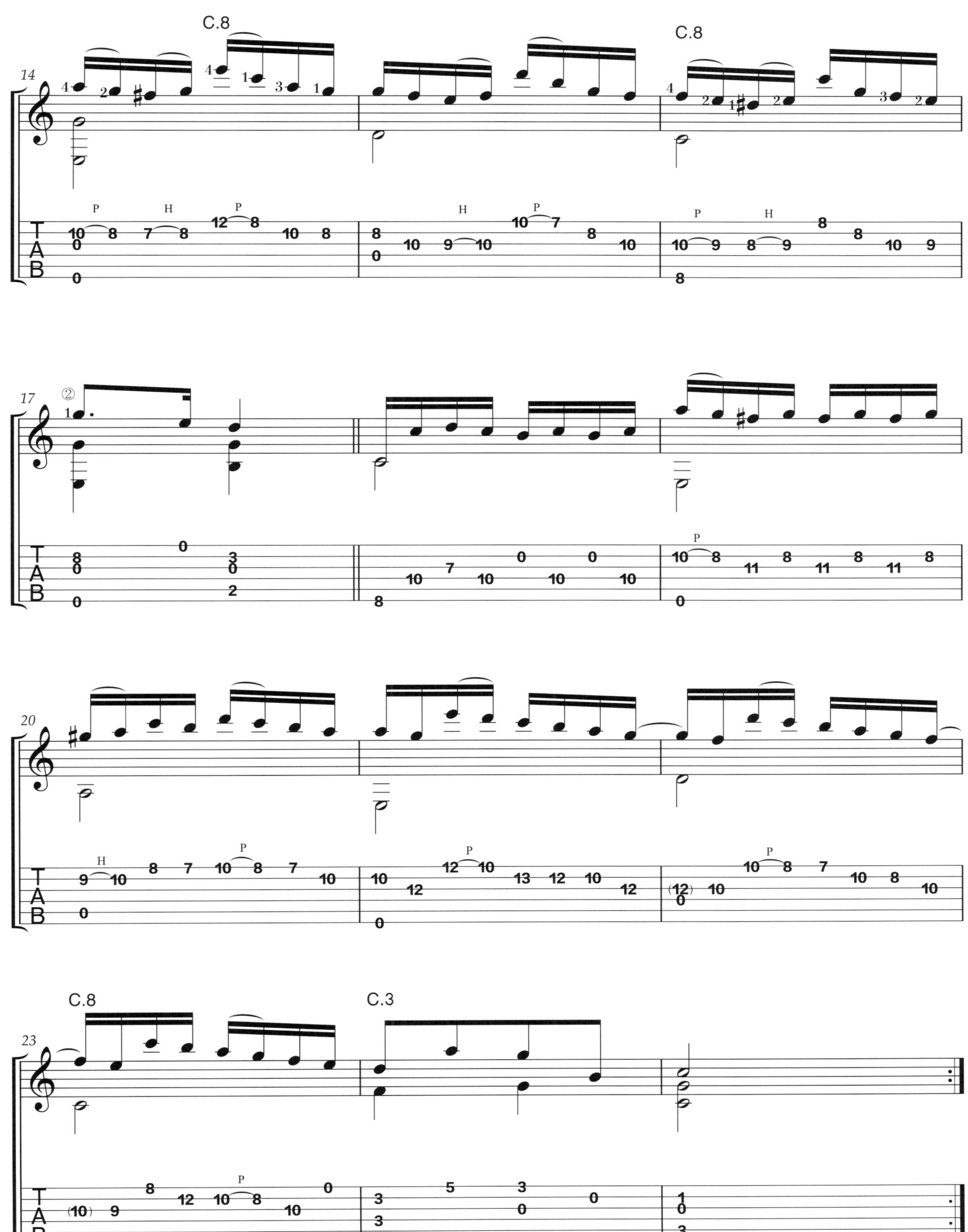

Ver. 3

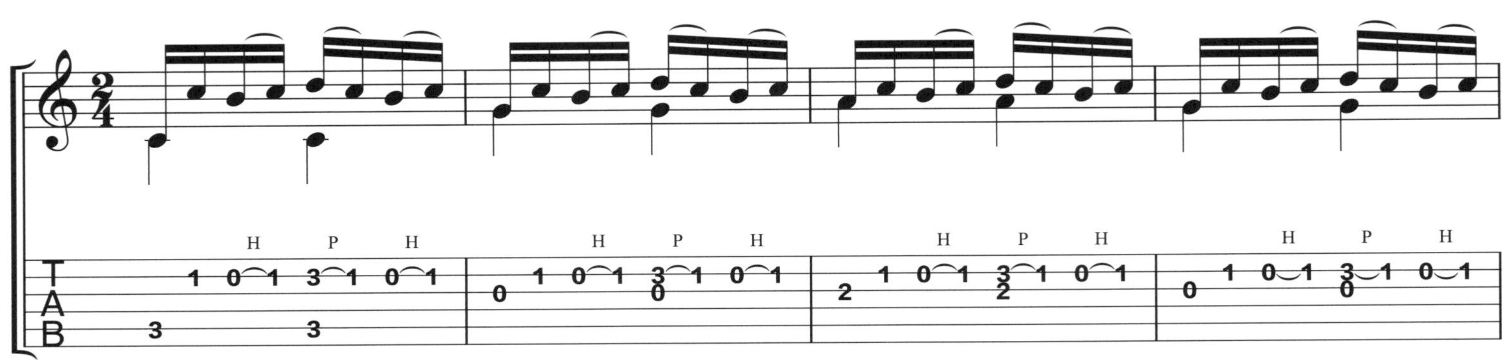

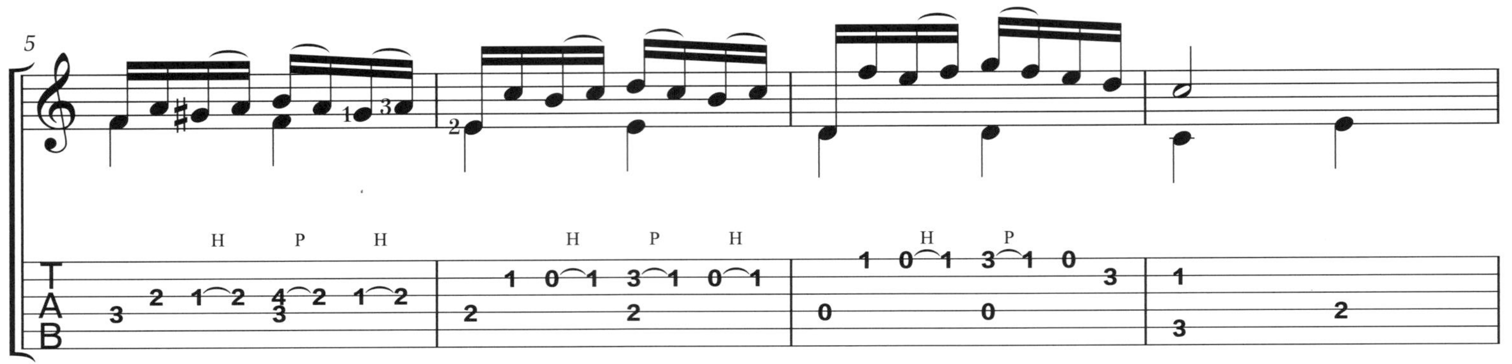

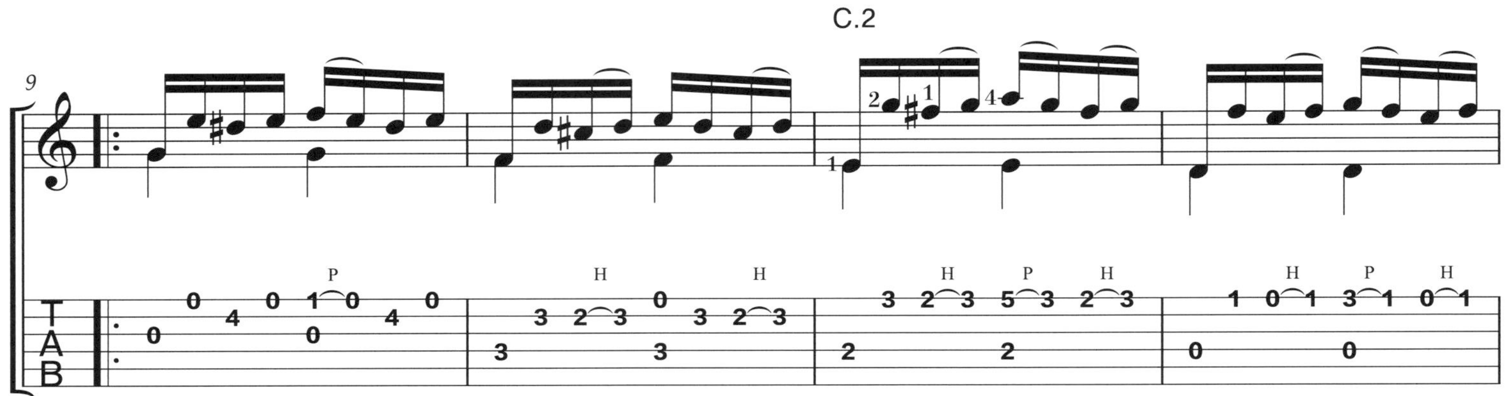

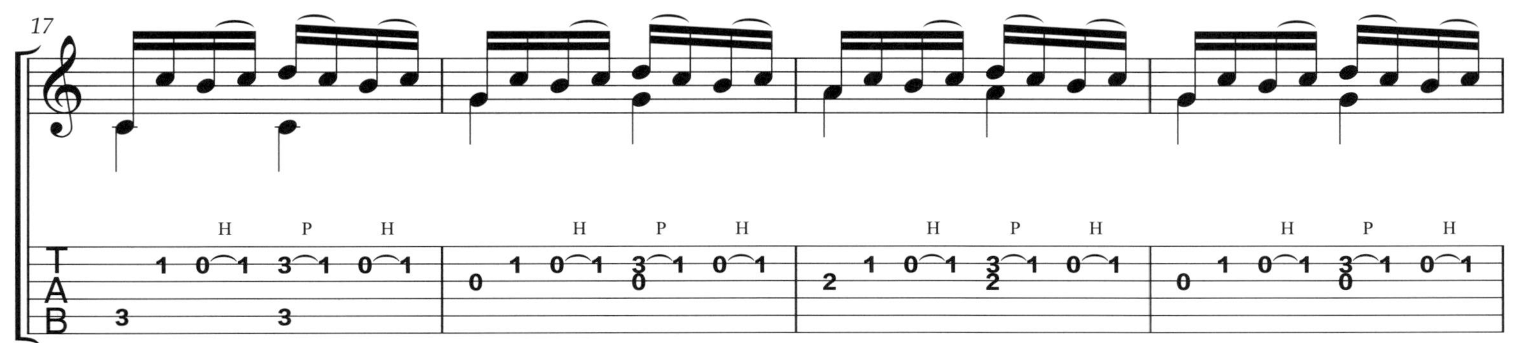

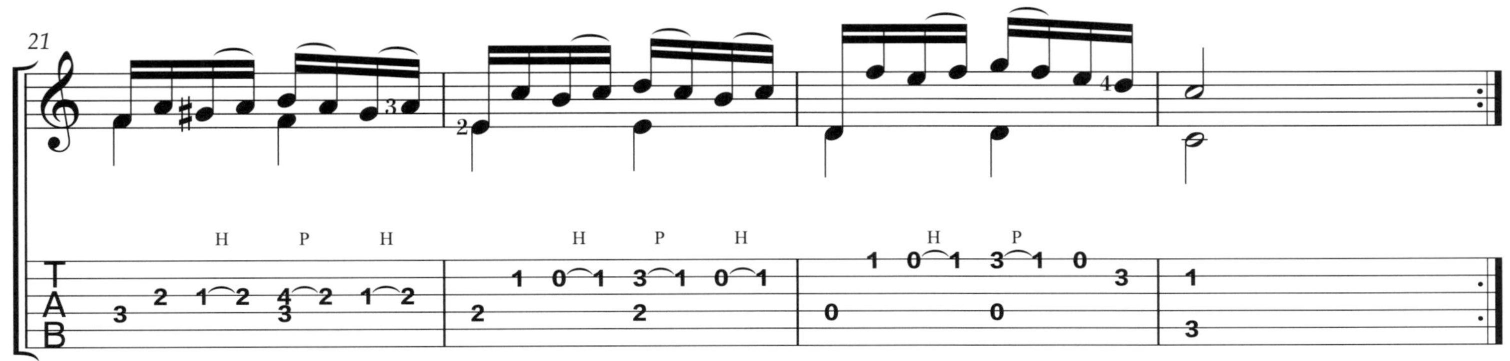

Ver. 4

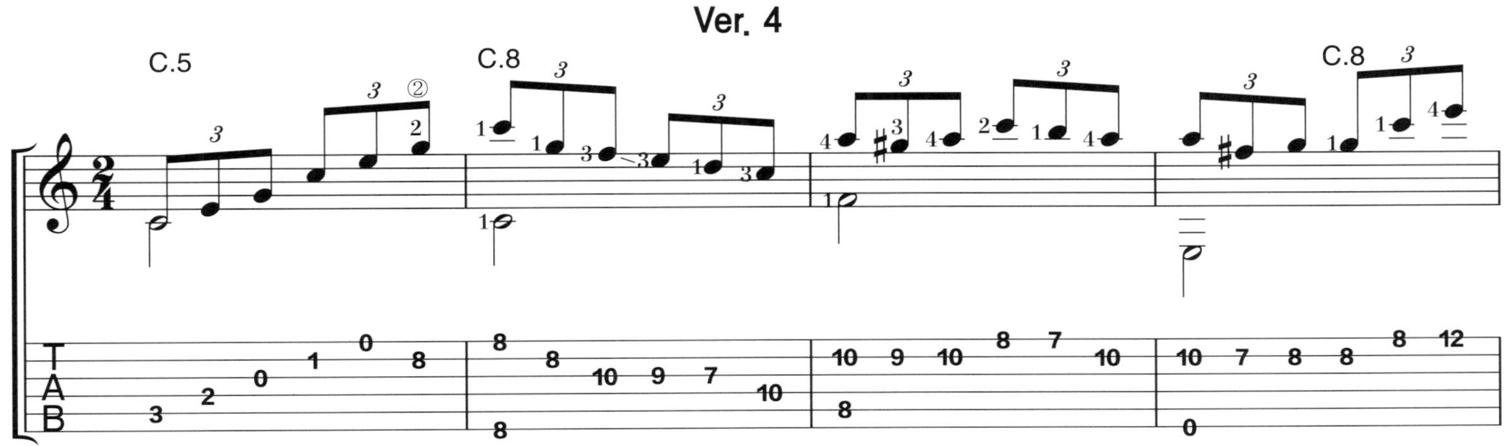

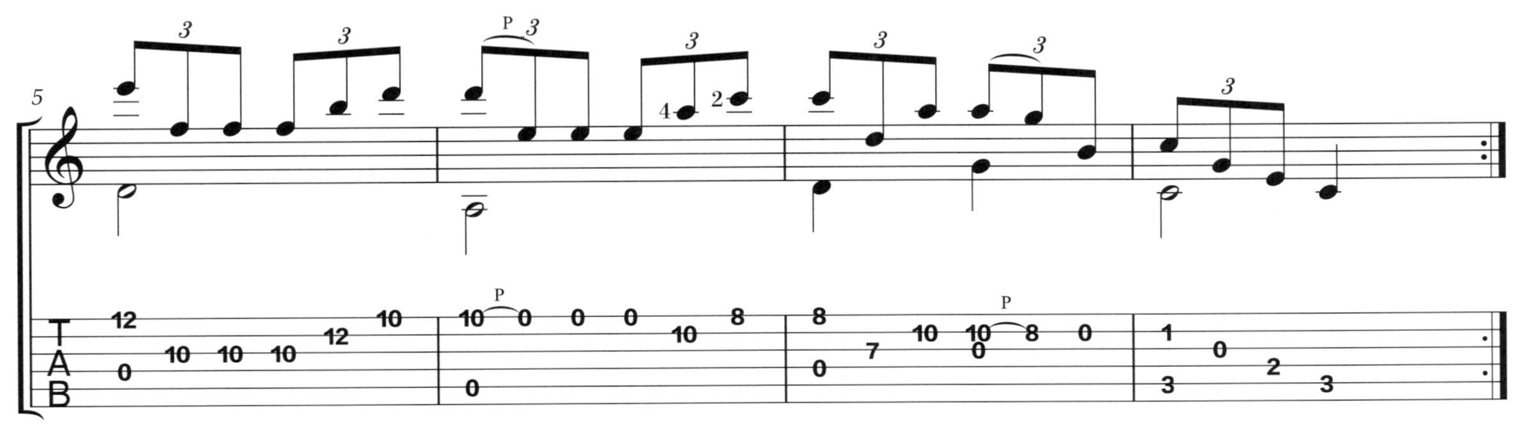

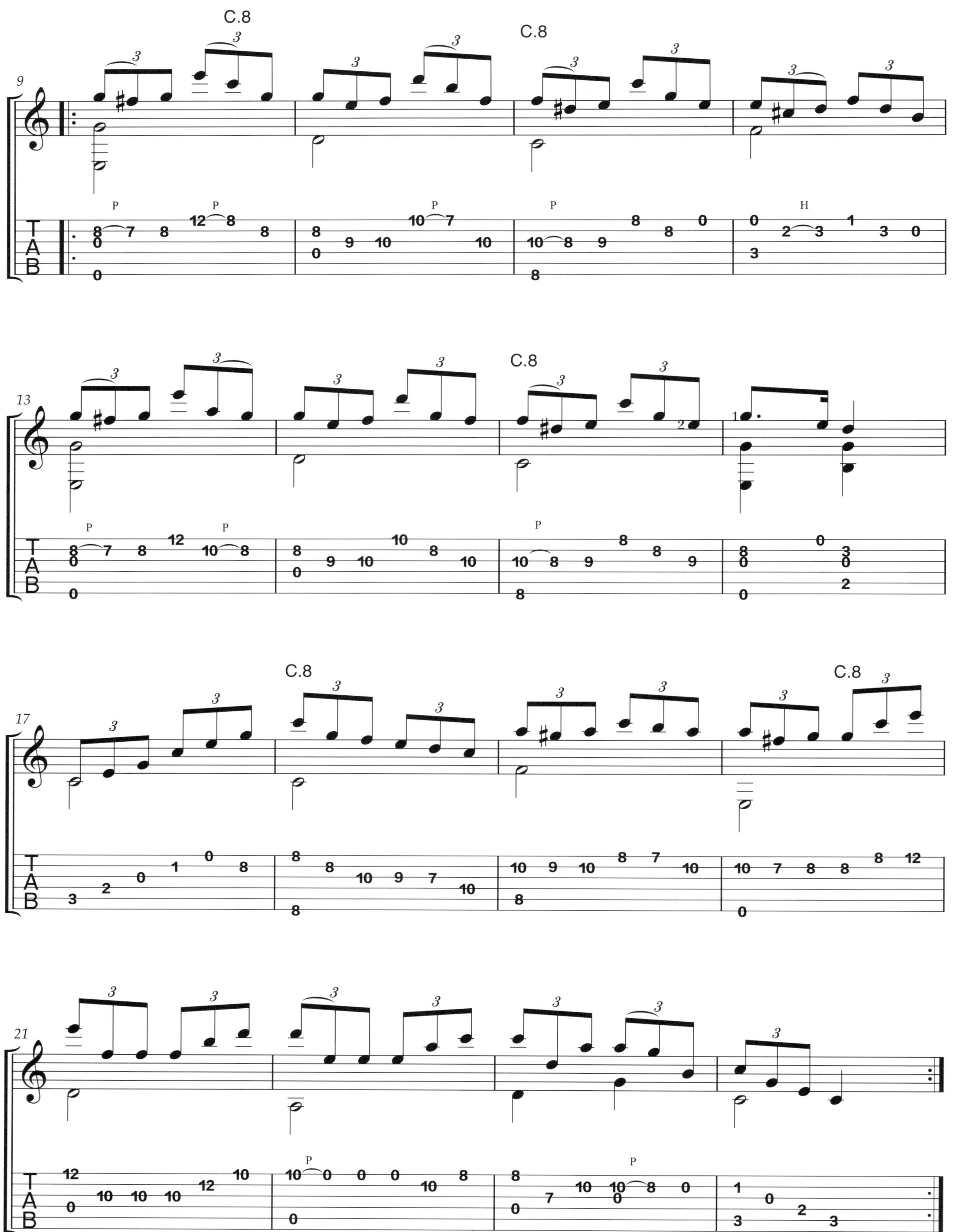

Ver. 5

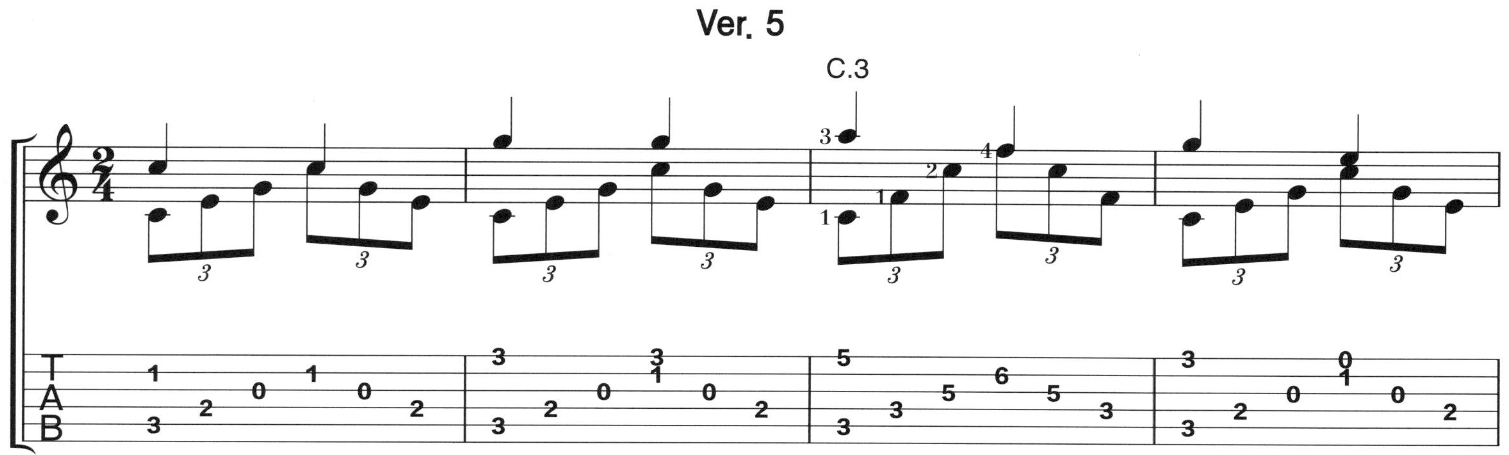
C.3

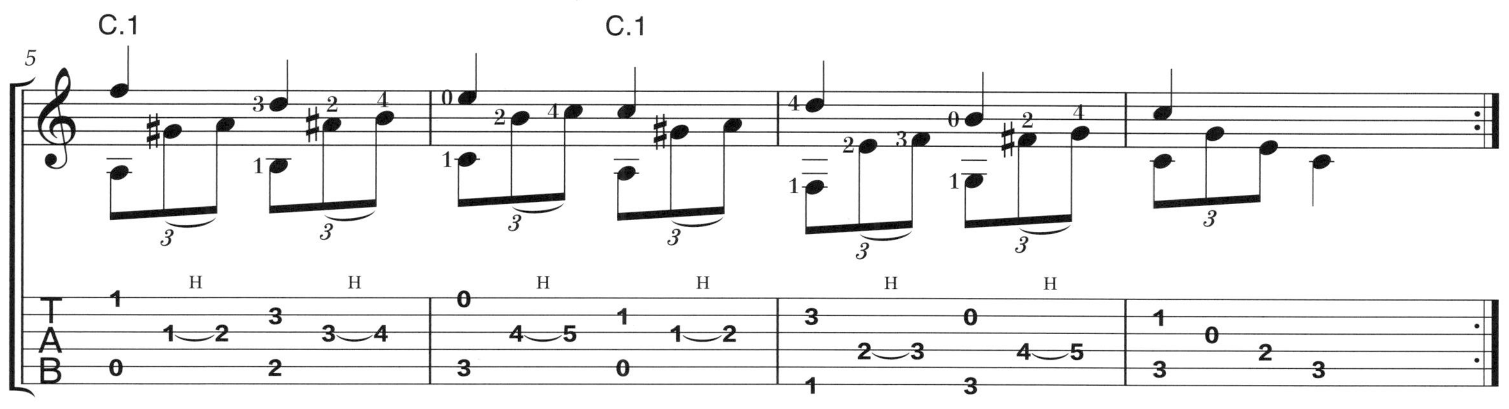
C.1
C.1

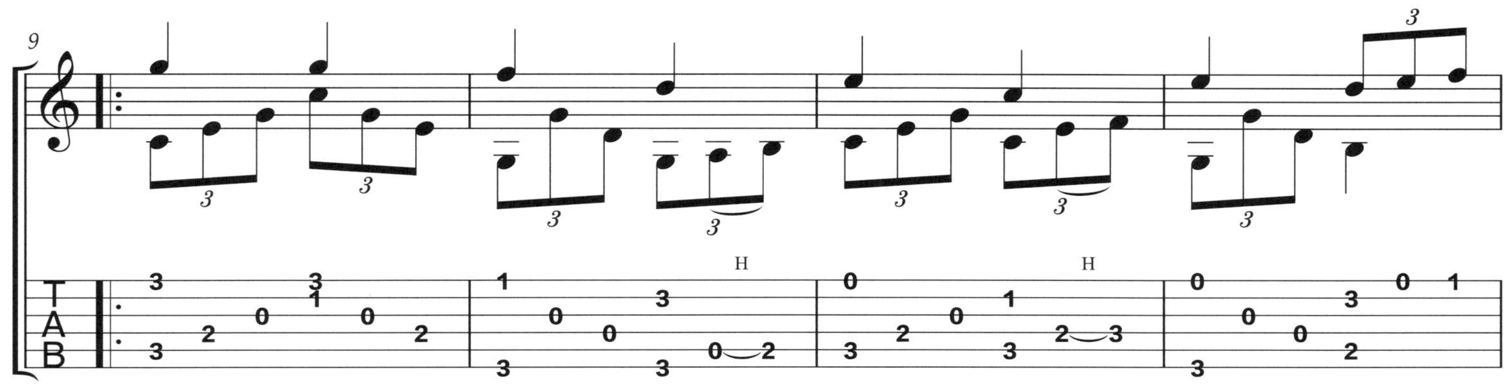

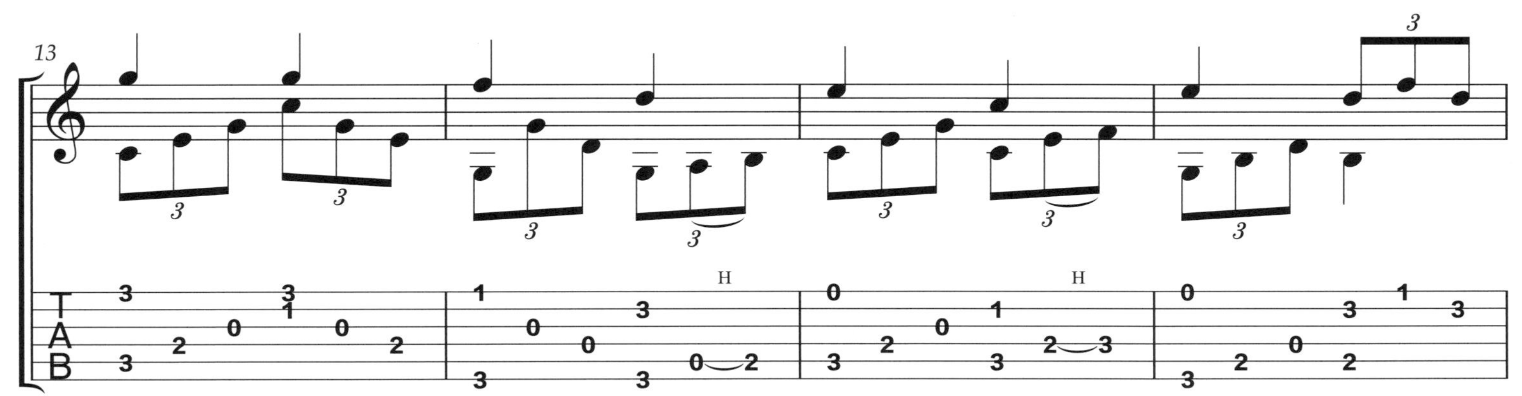

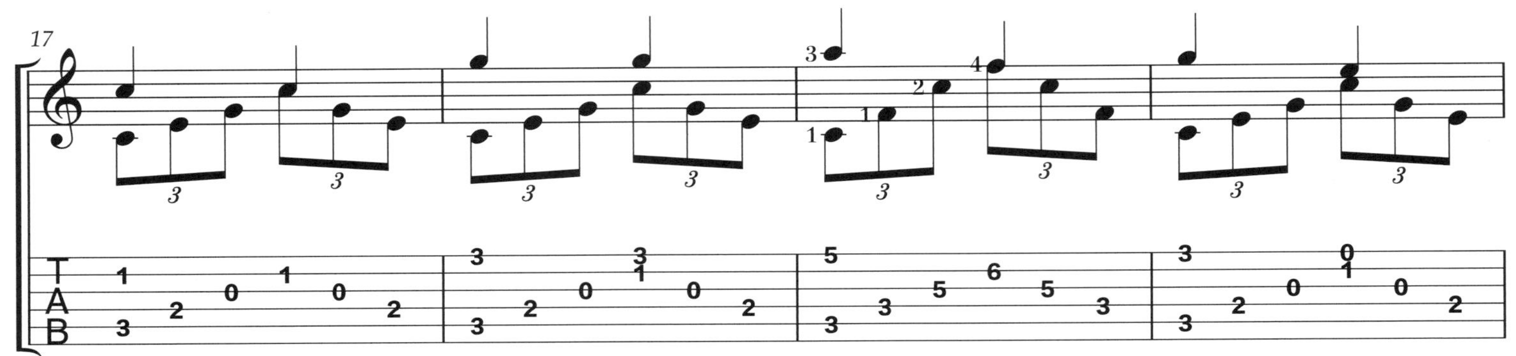

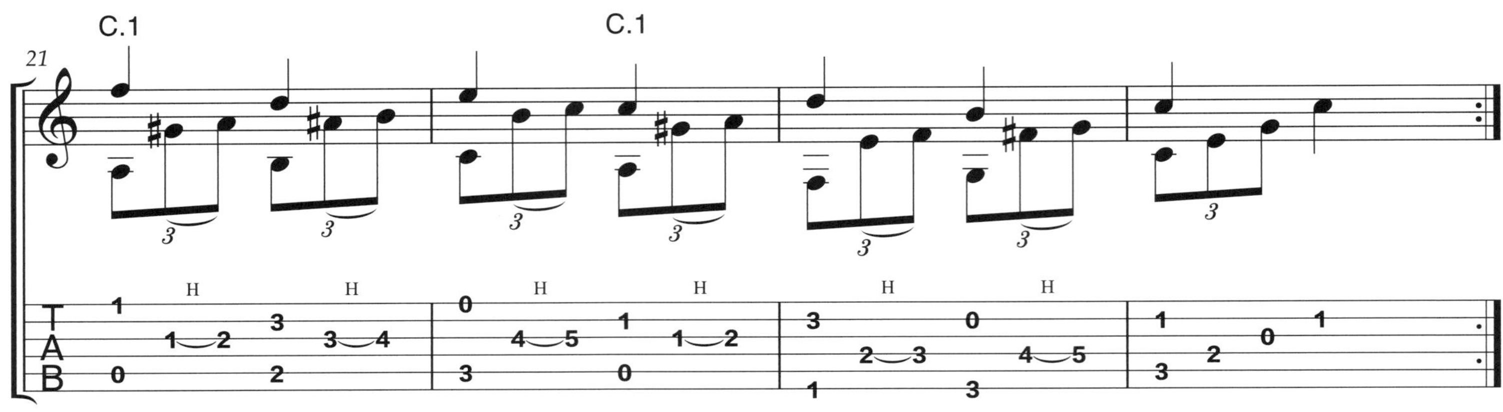

Ver. 6

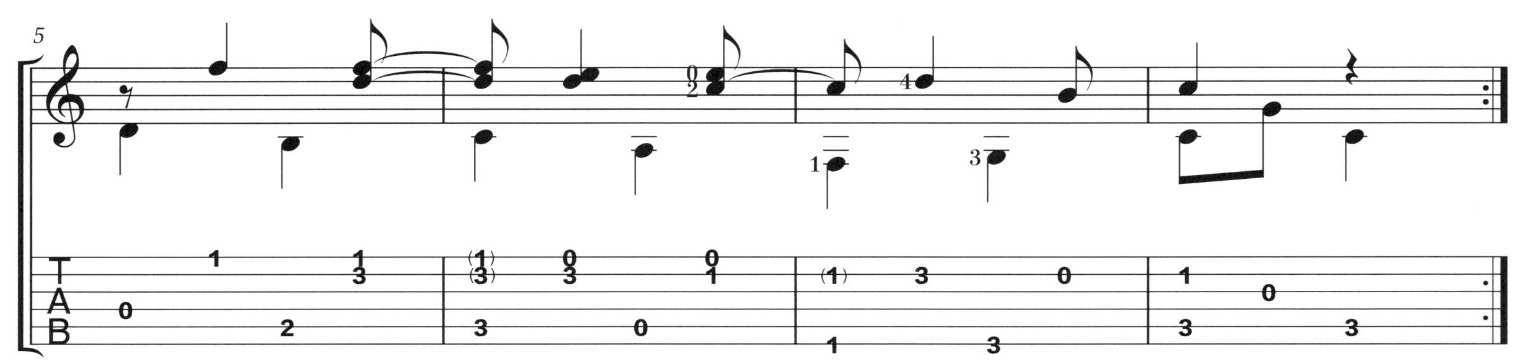

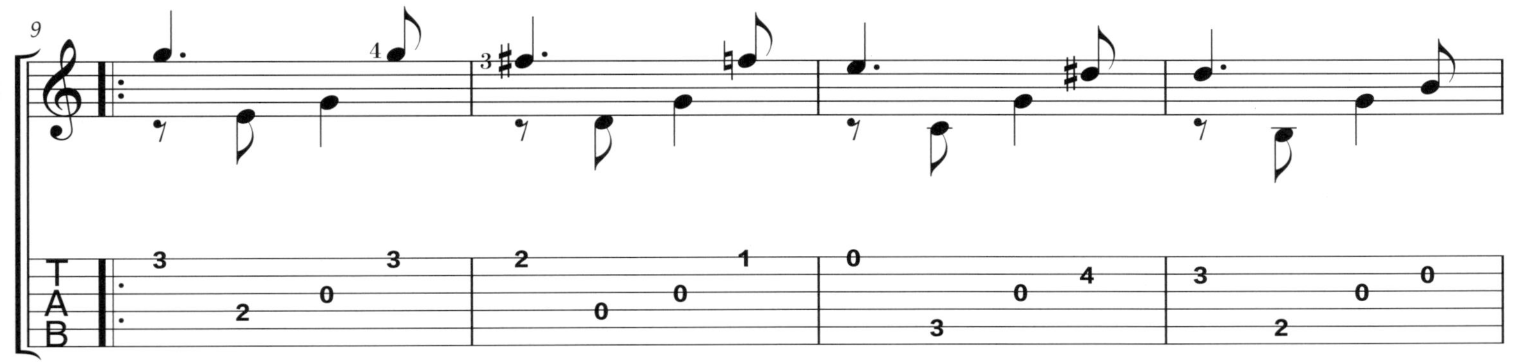
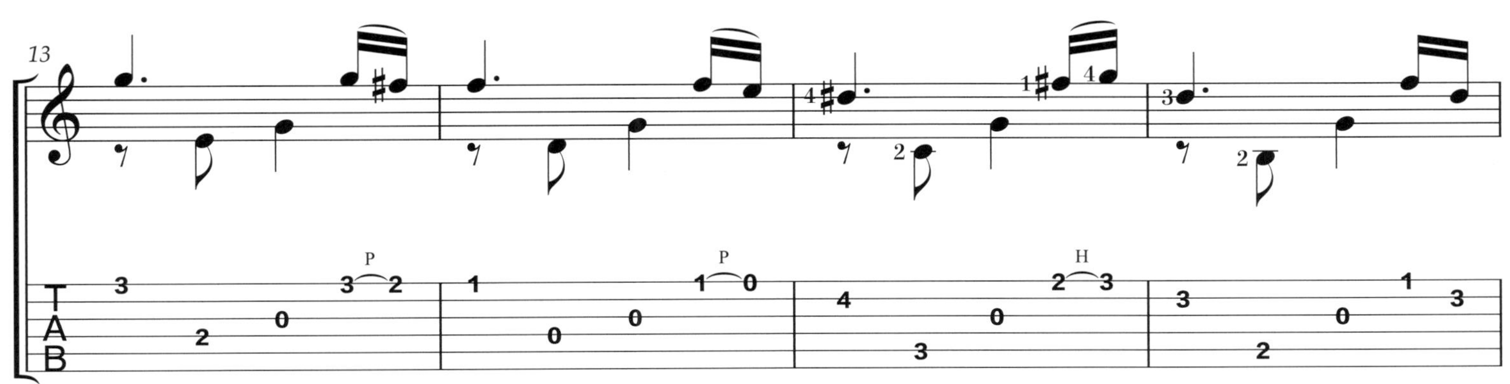
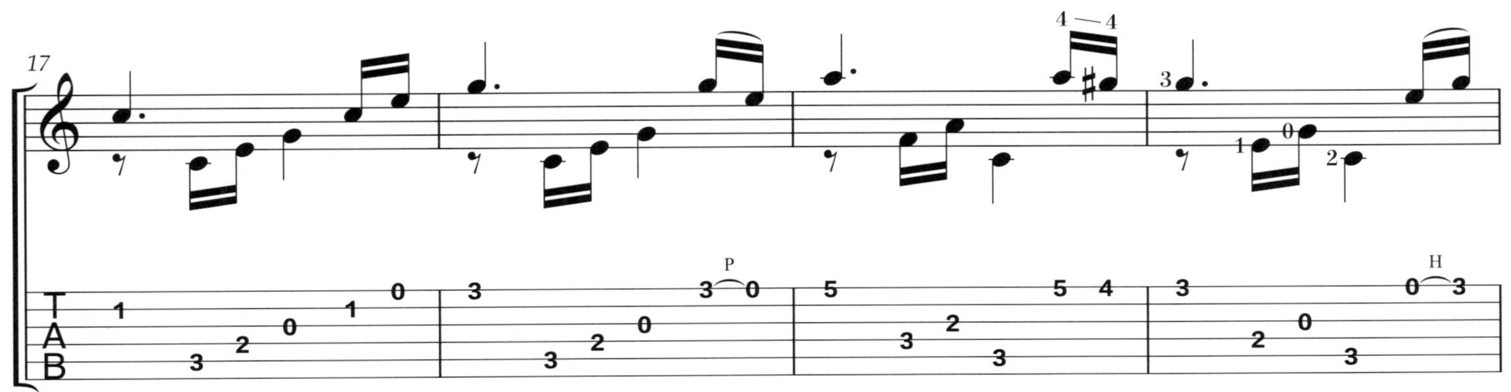
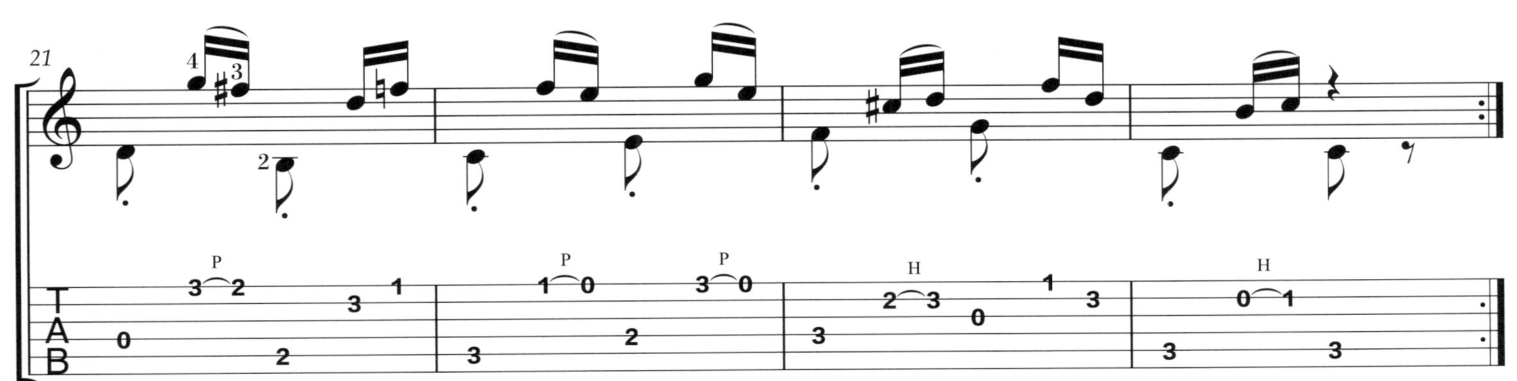

Ver. 7

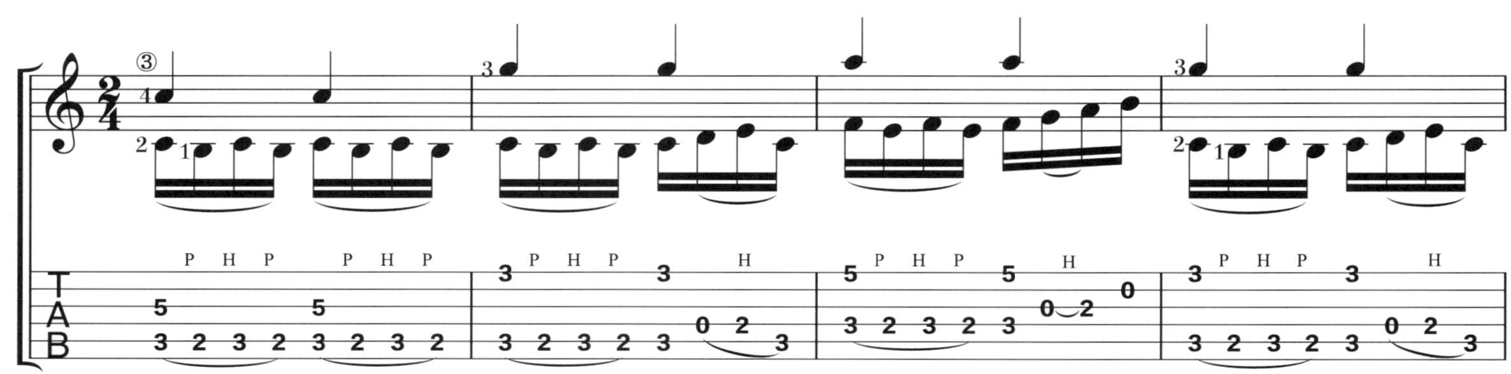

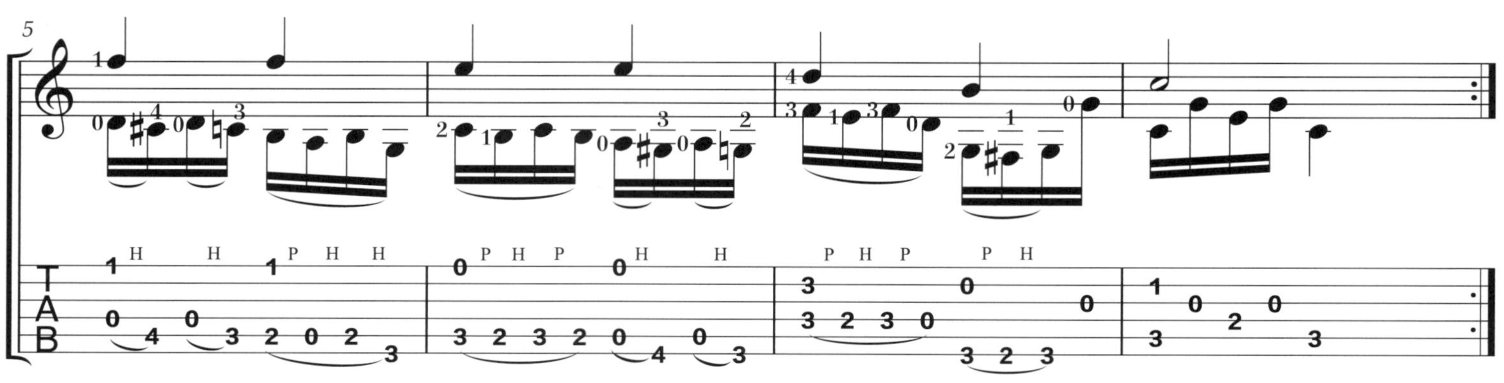

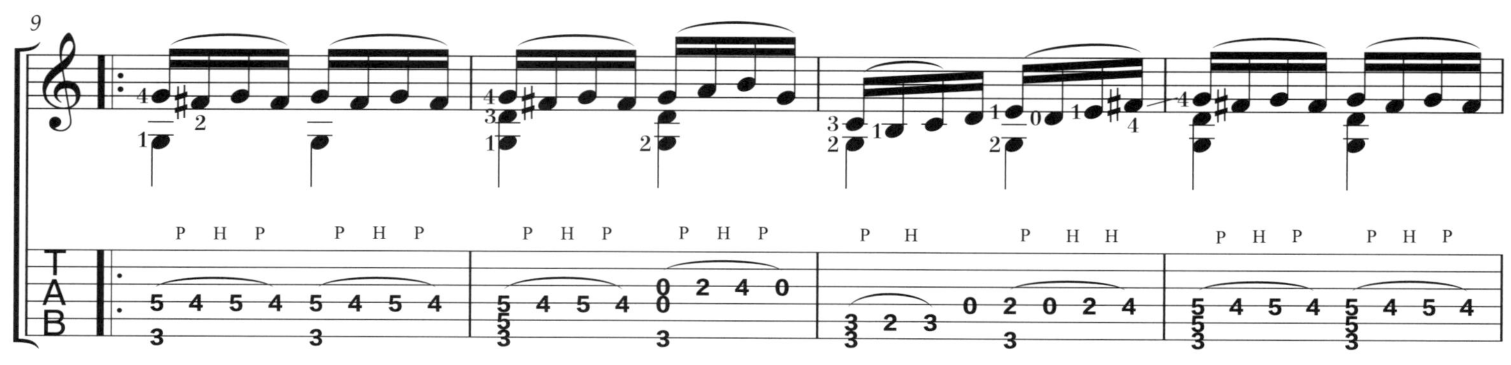

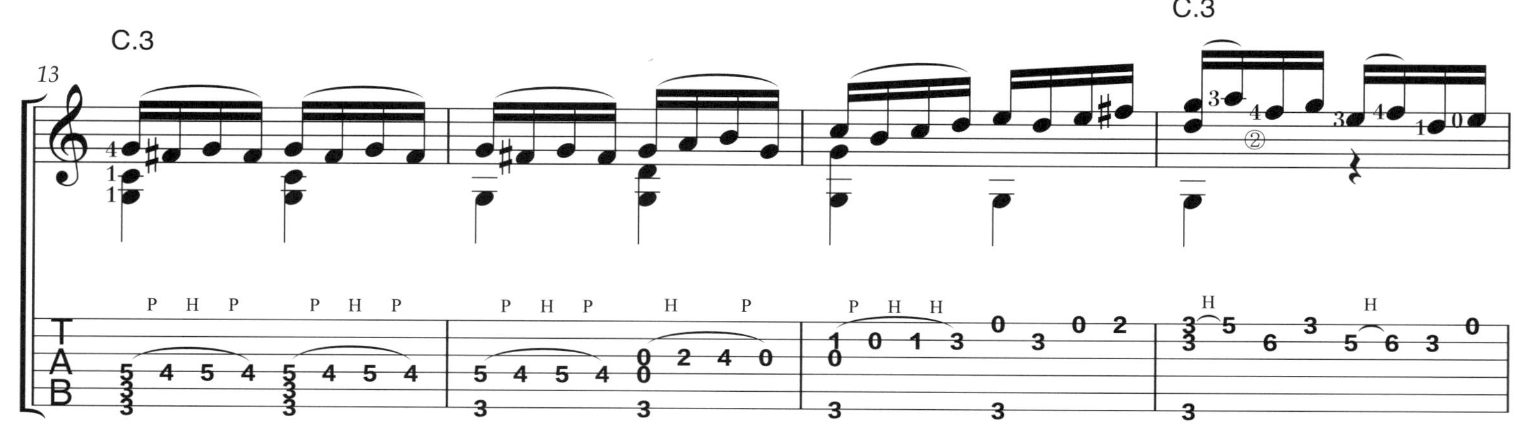

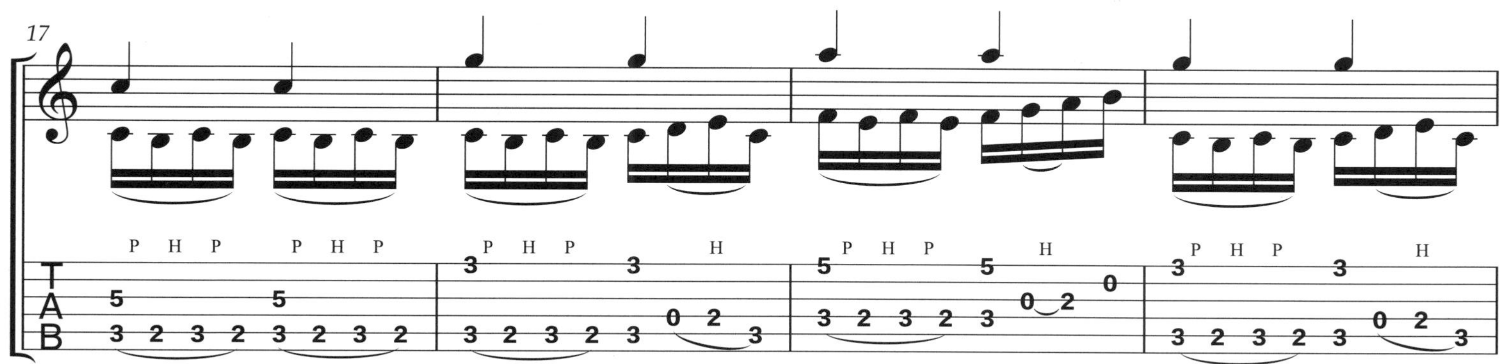

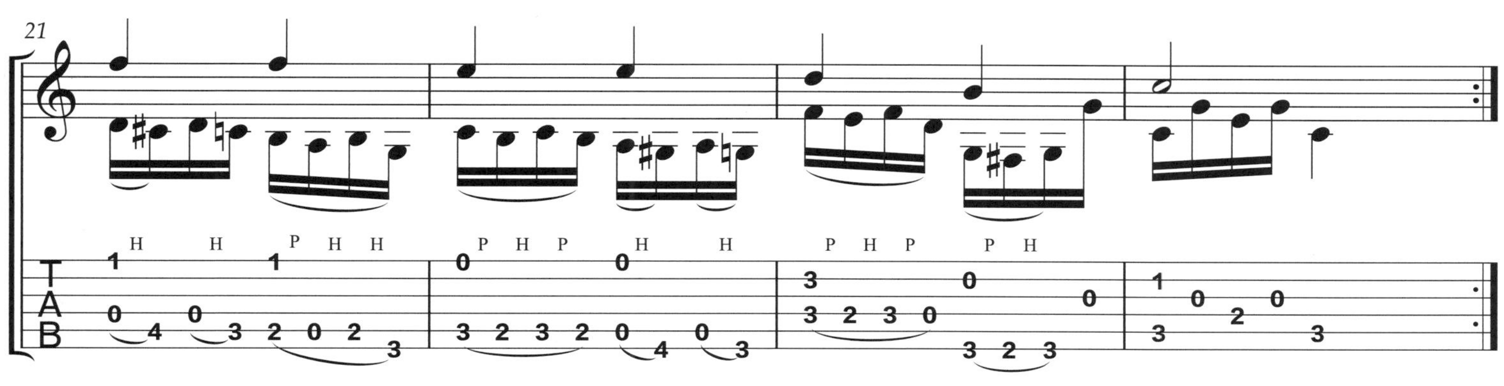

Ver. 8

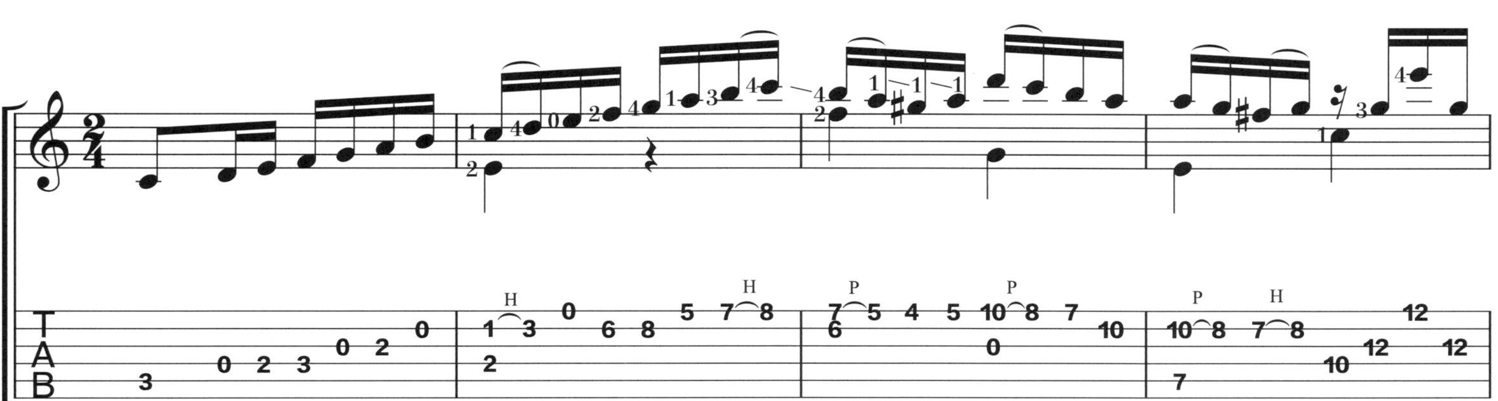

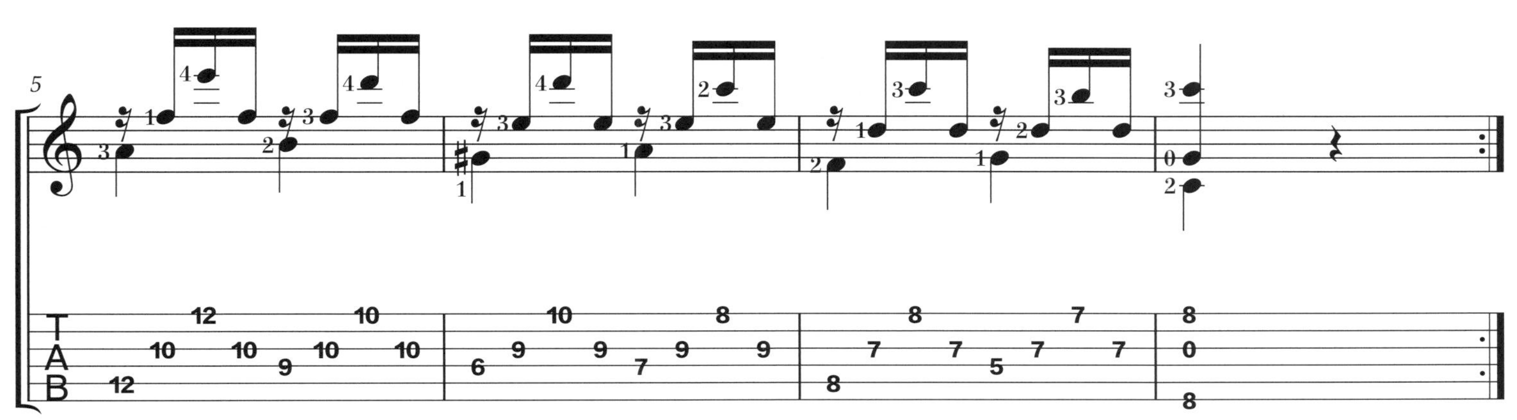

Ver. 9

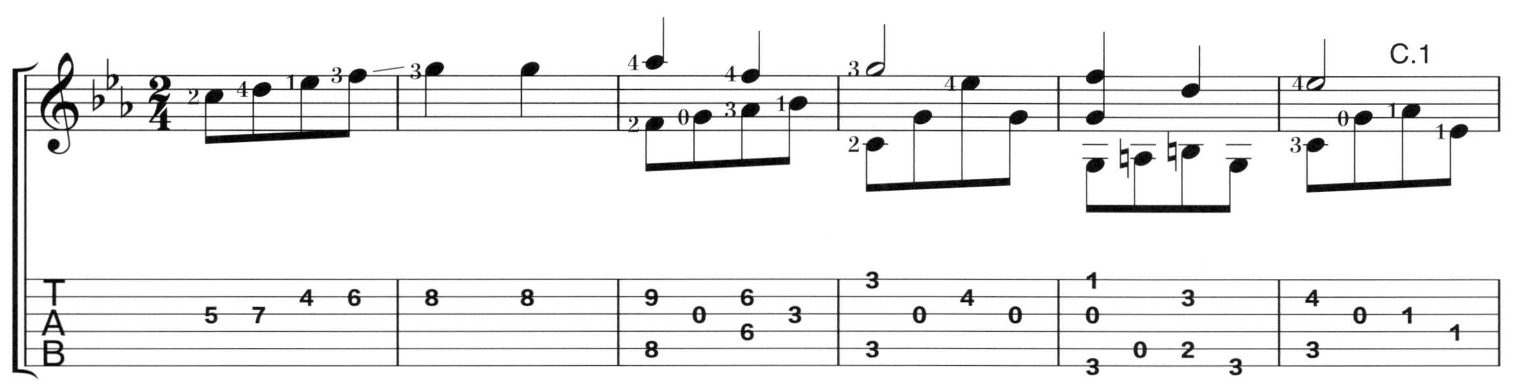

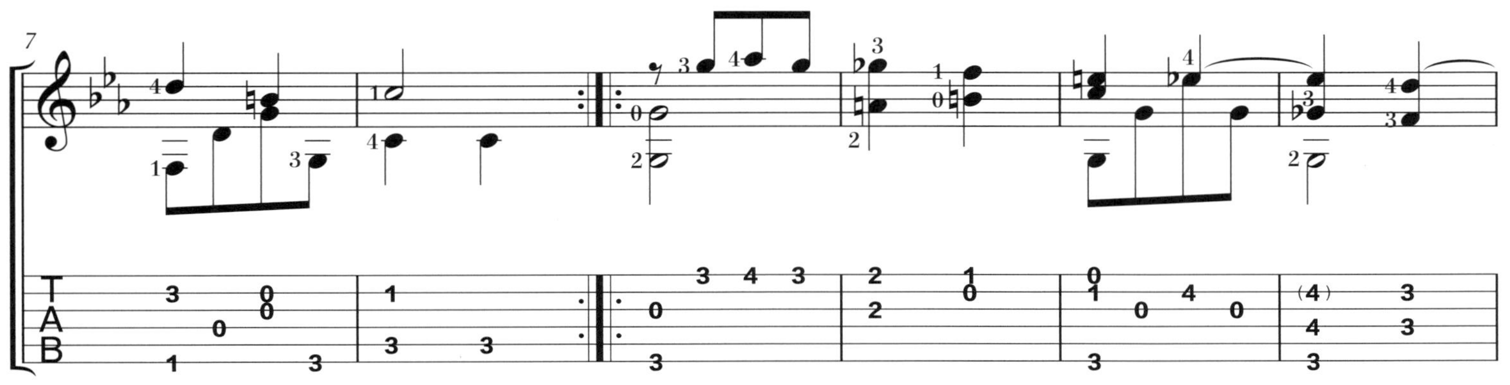

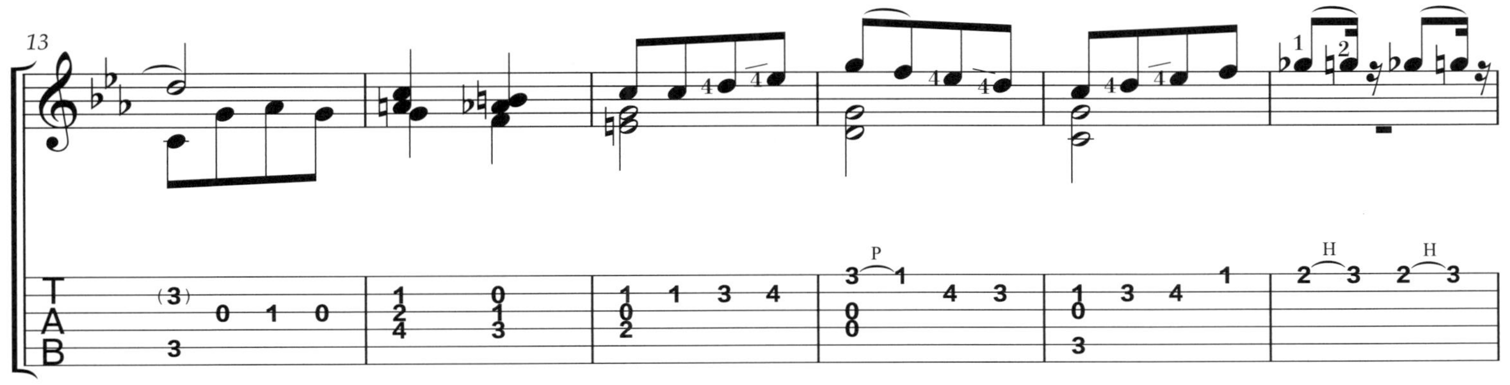

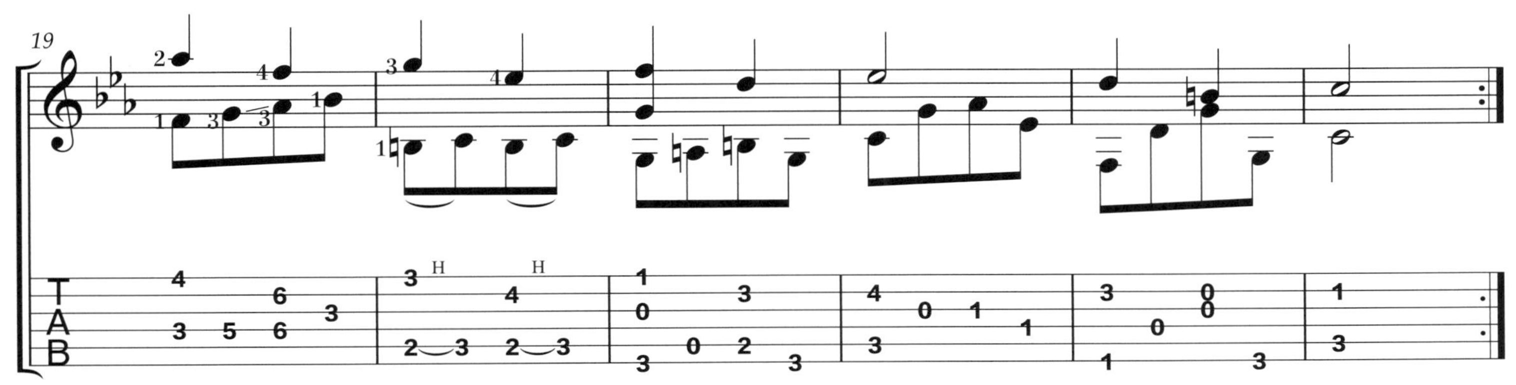

Ver. 10

Ver. 11

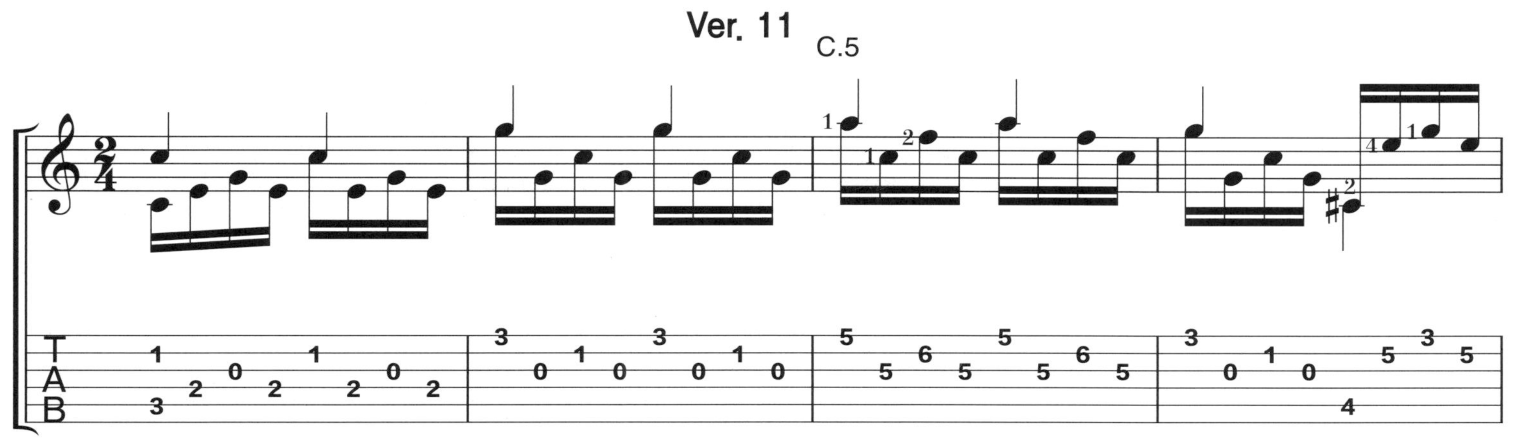

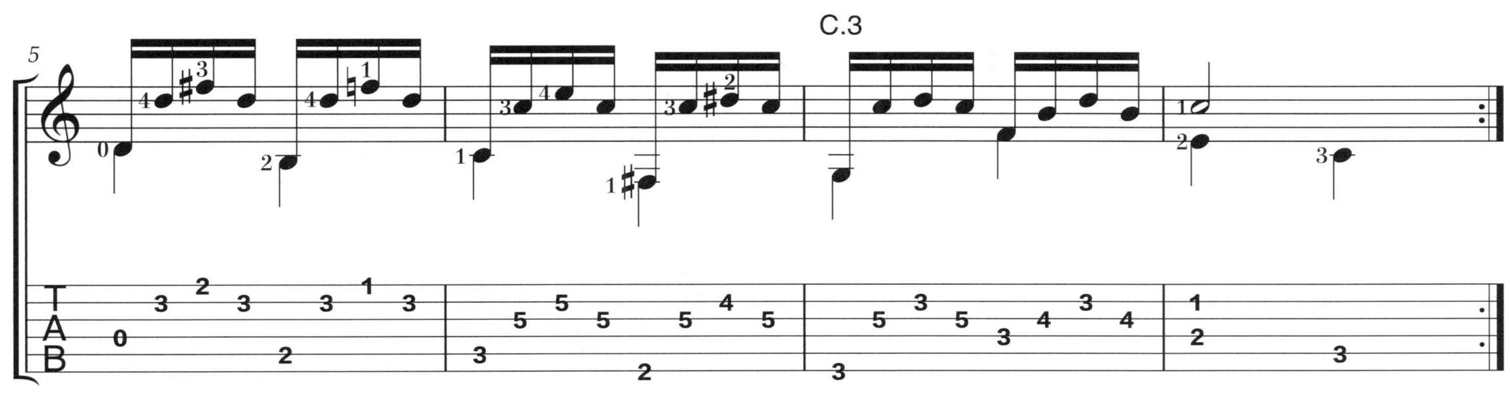

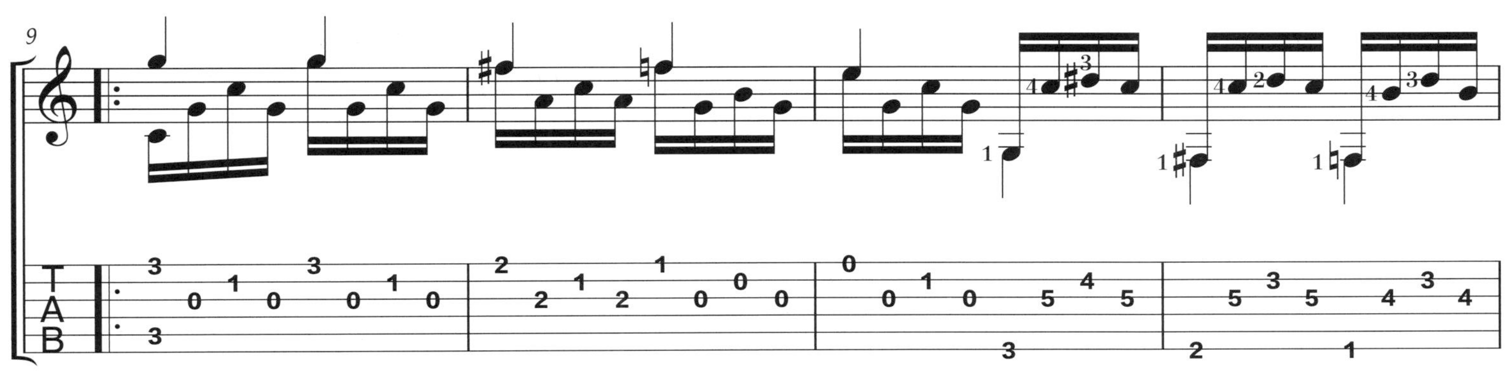

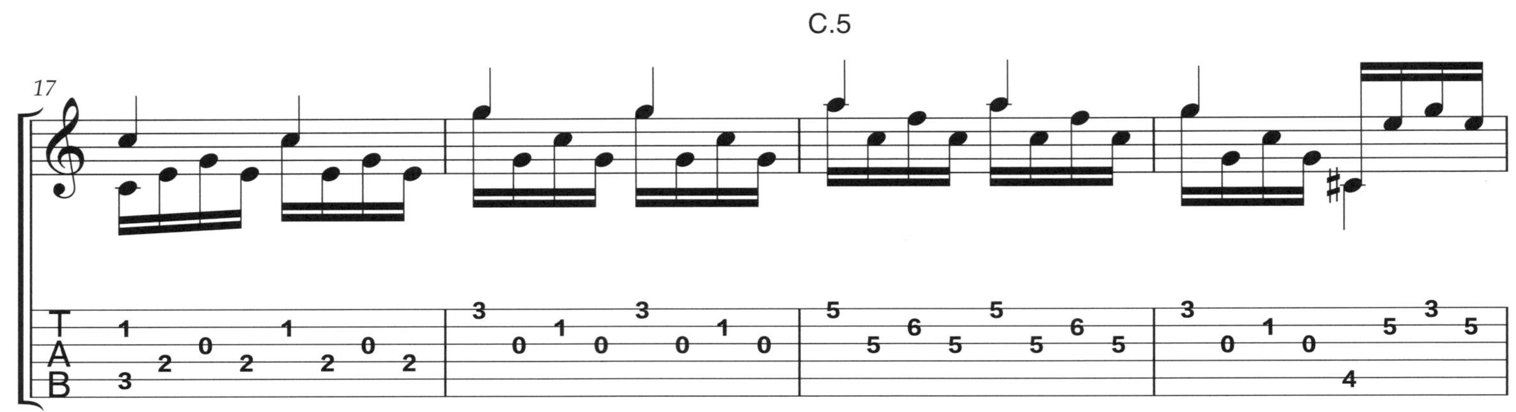

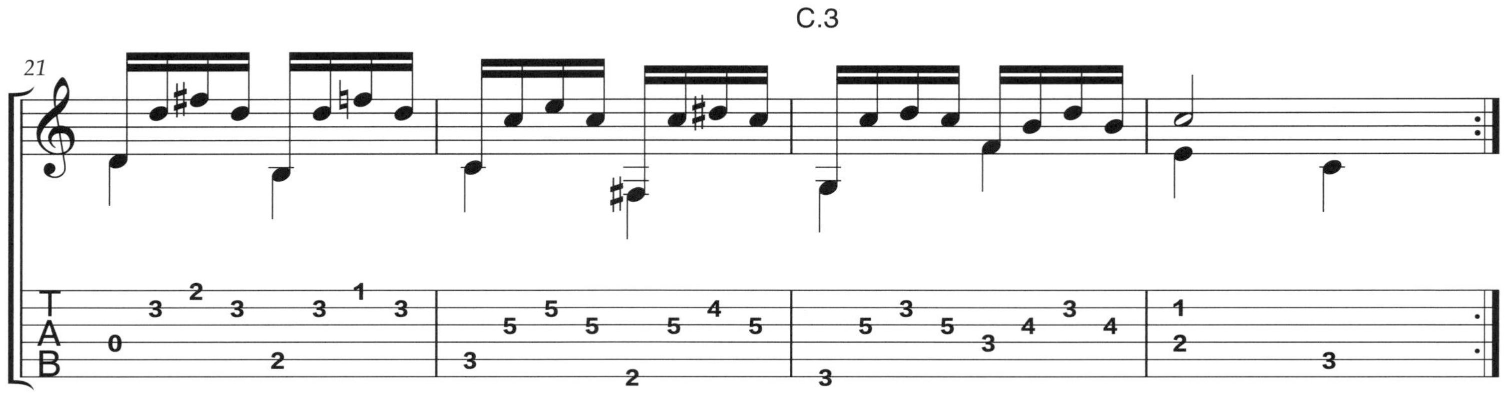

Ver. 12

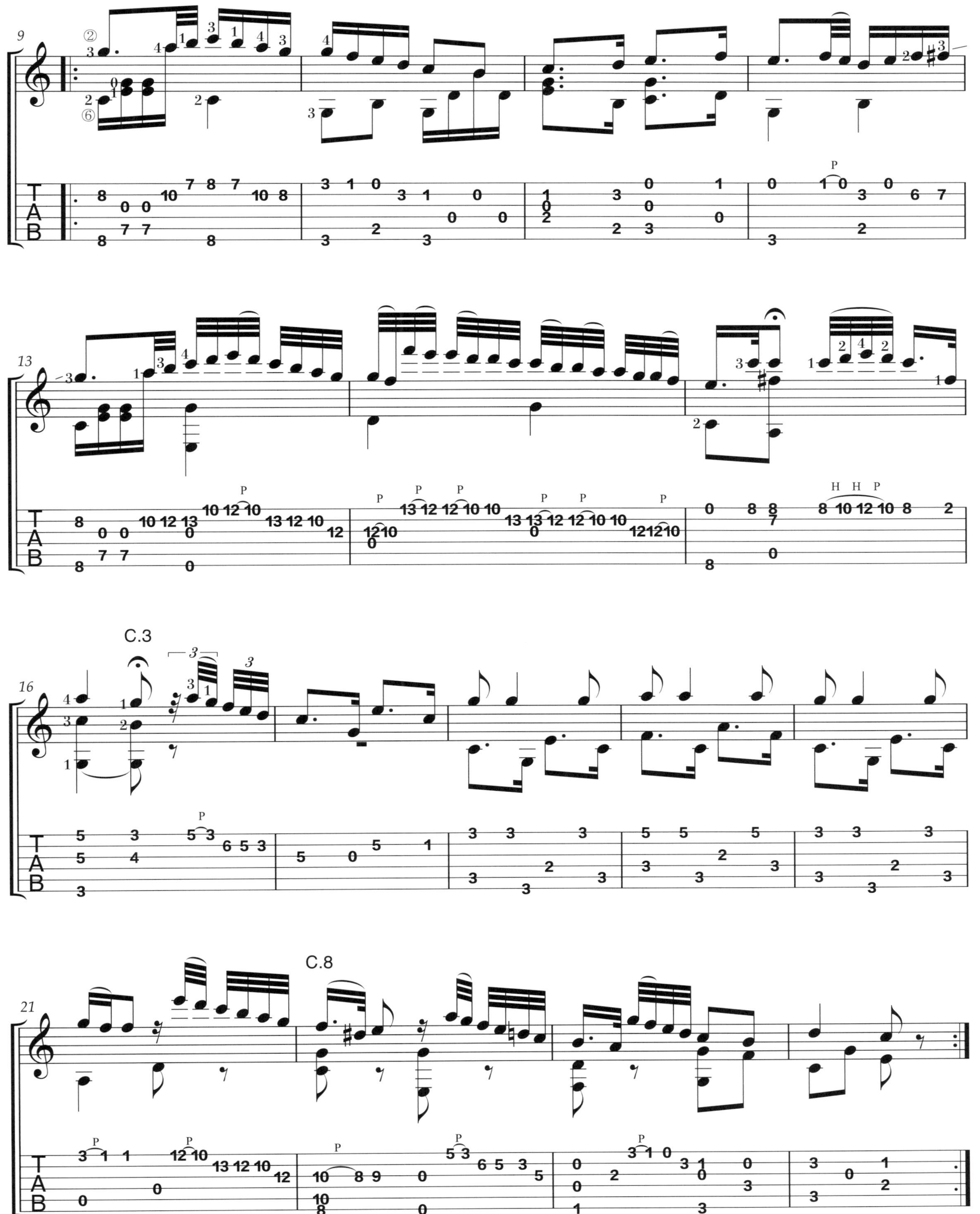

Ver. 13

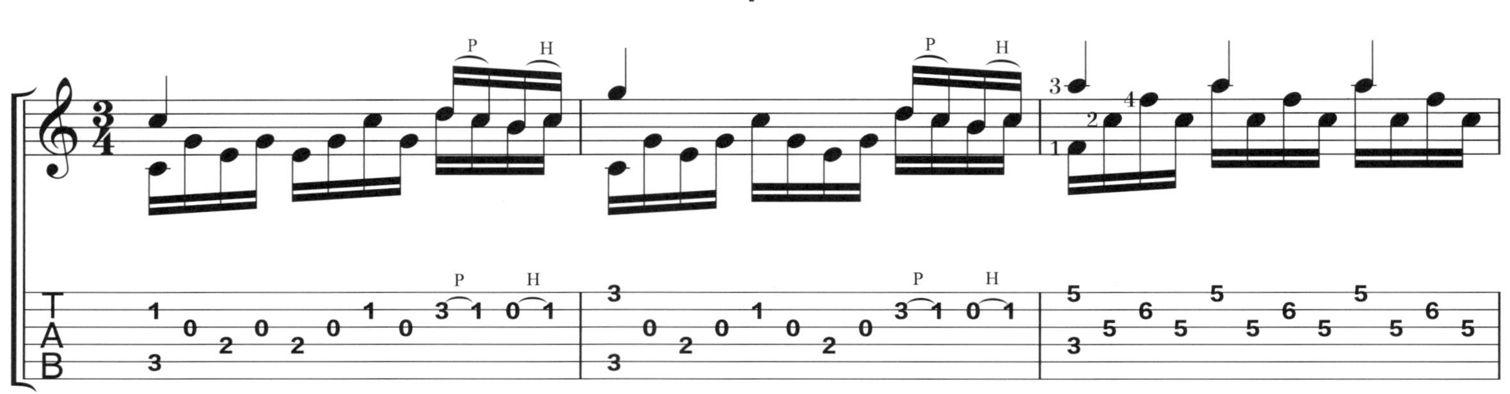

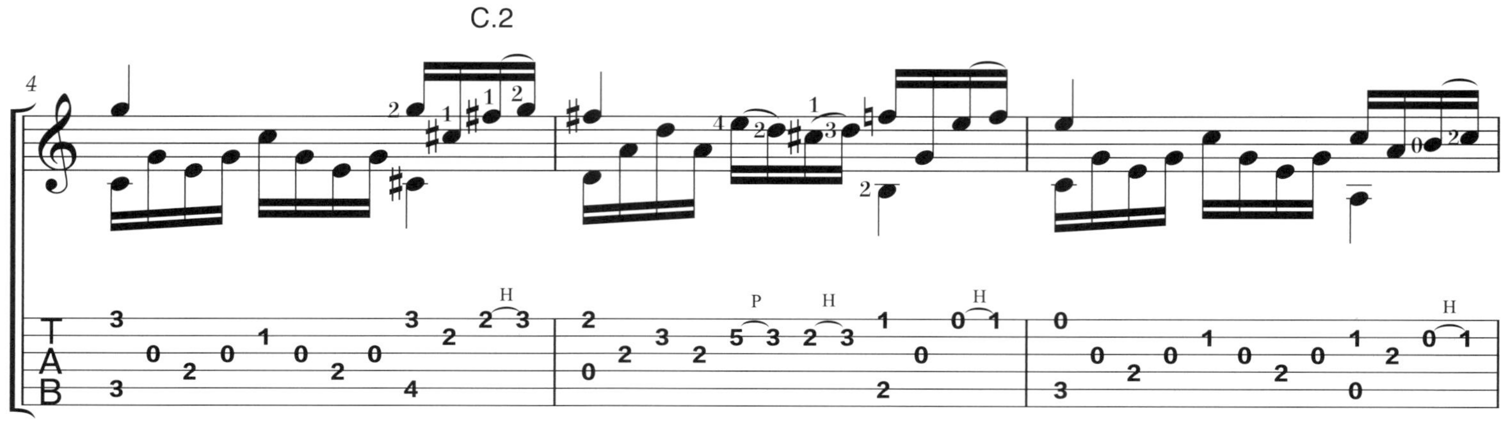

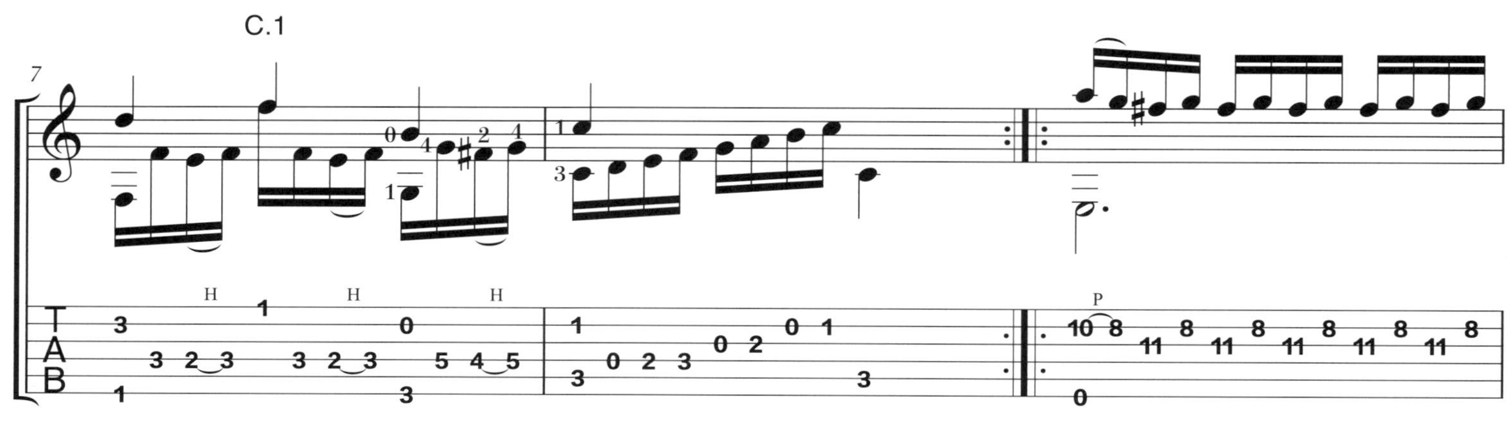

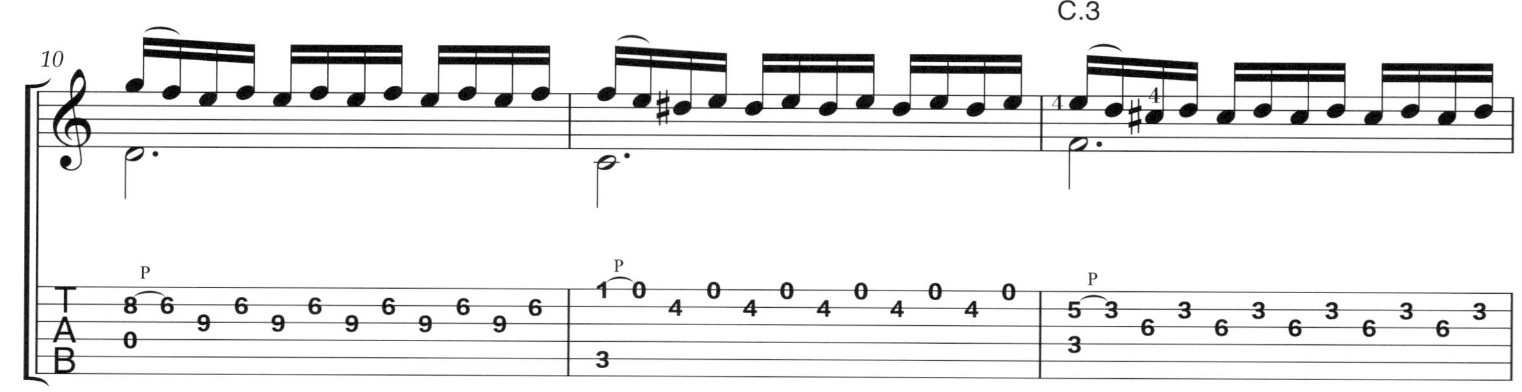

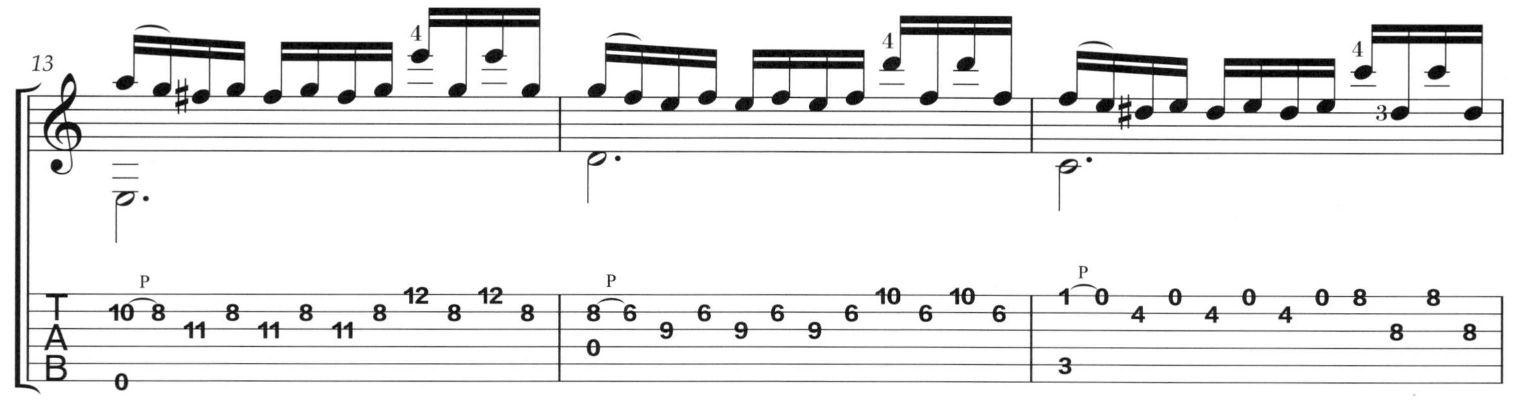

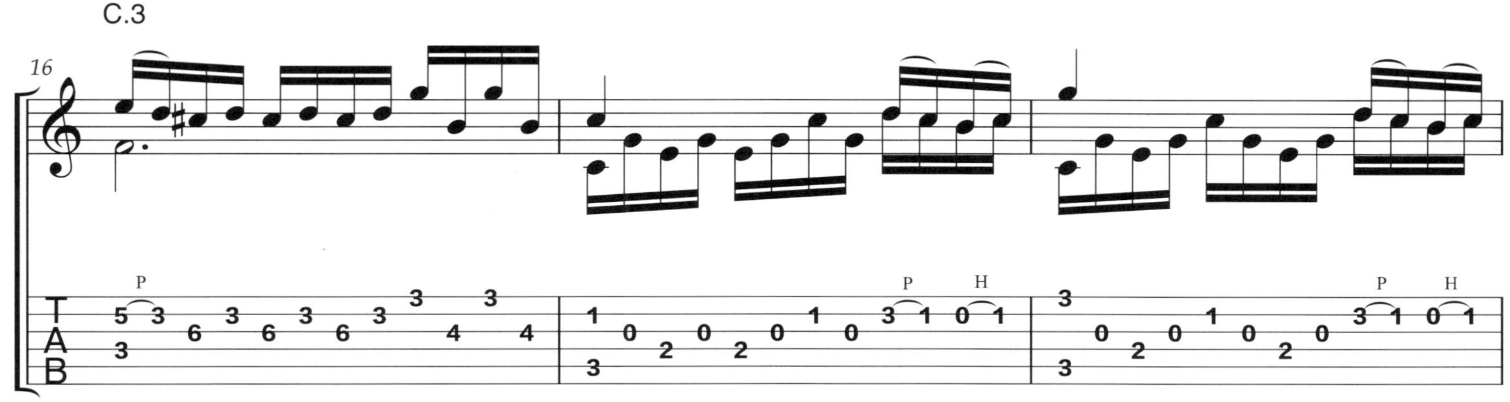
C.3

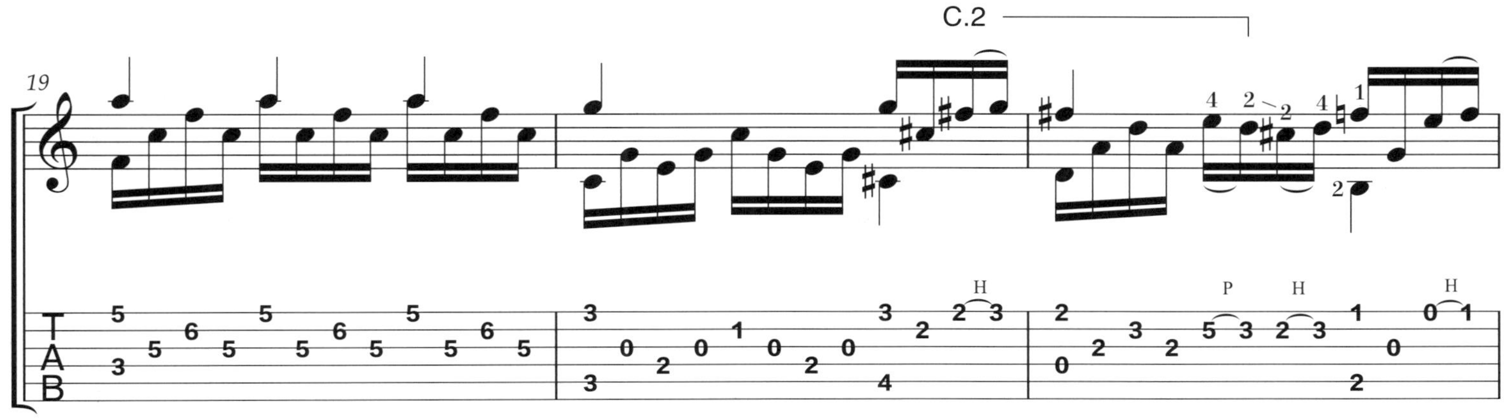
C.2

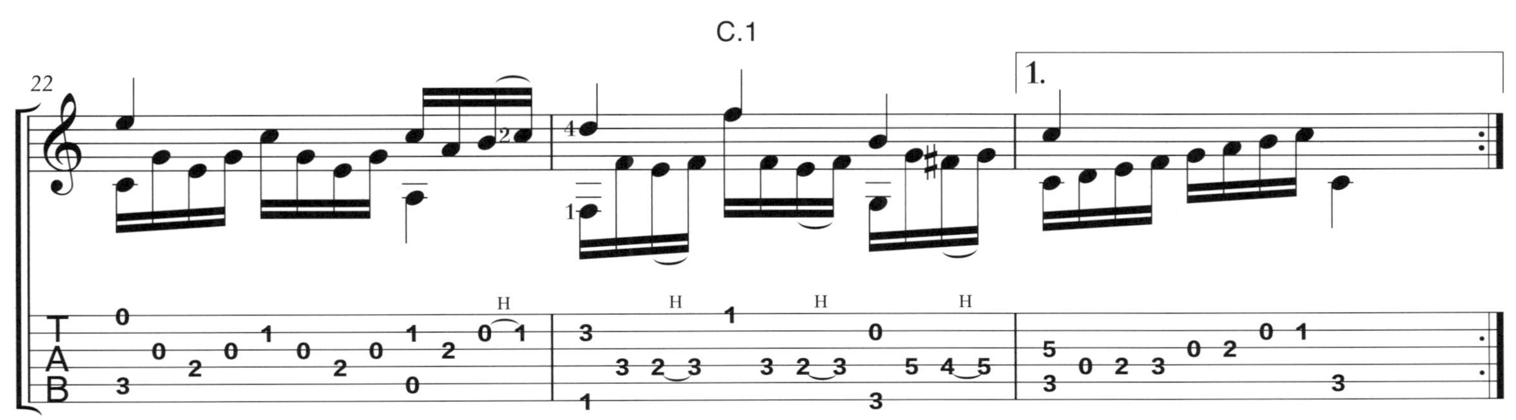
C.1
1.

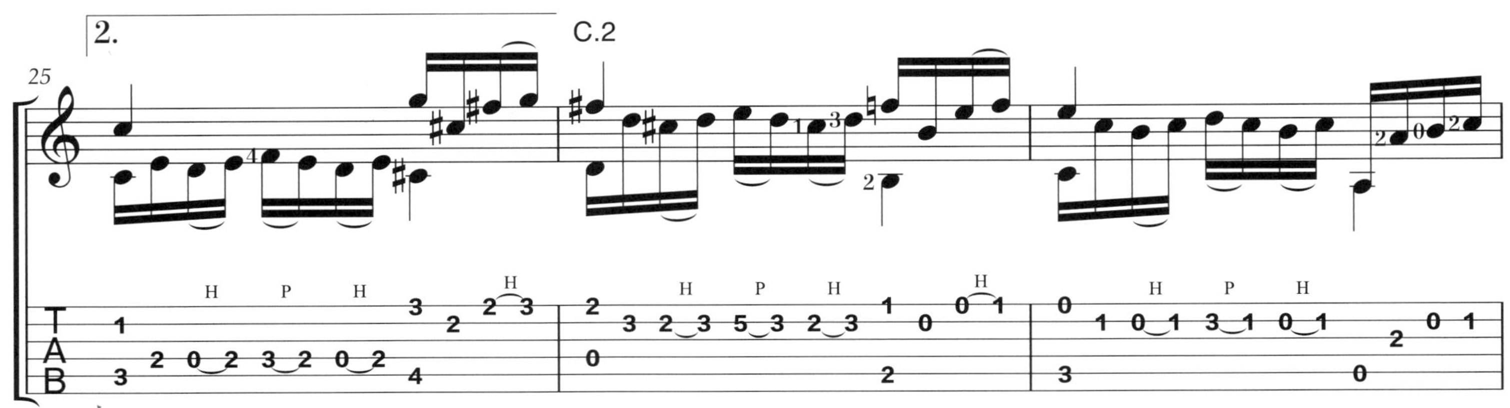
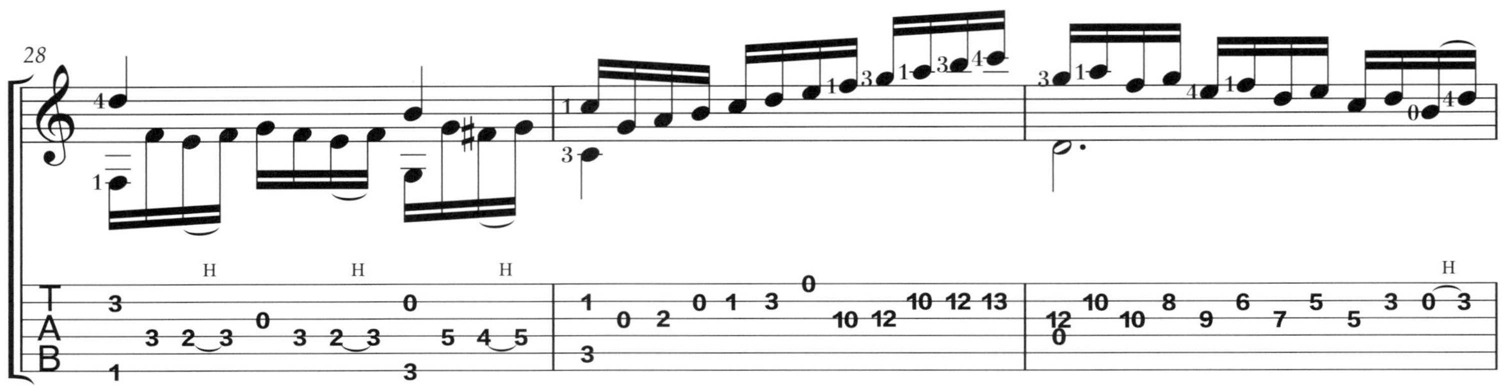
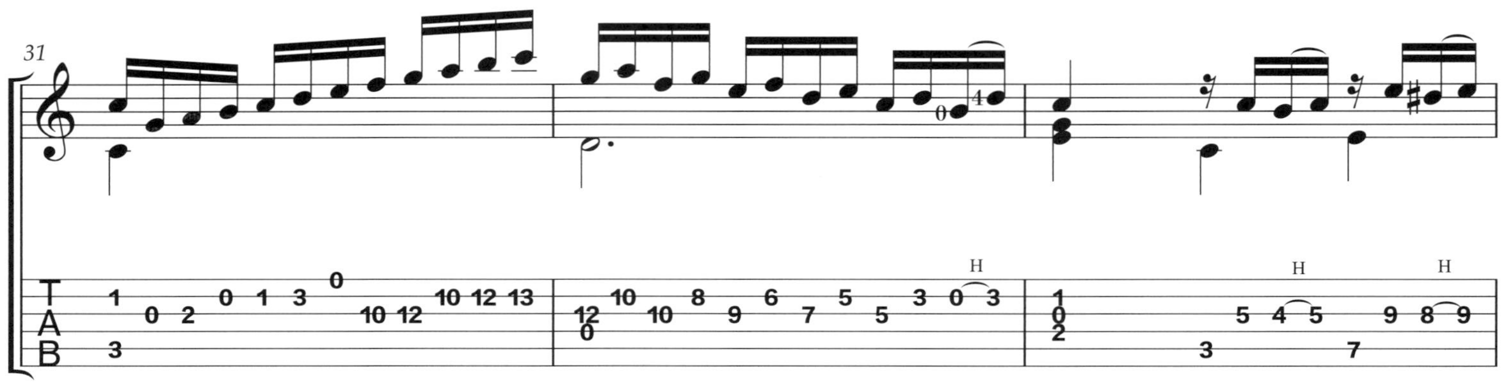
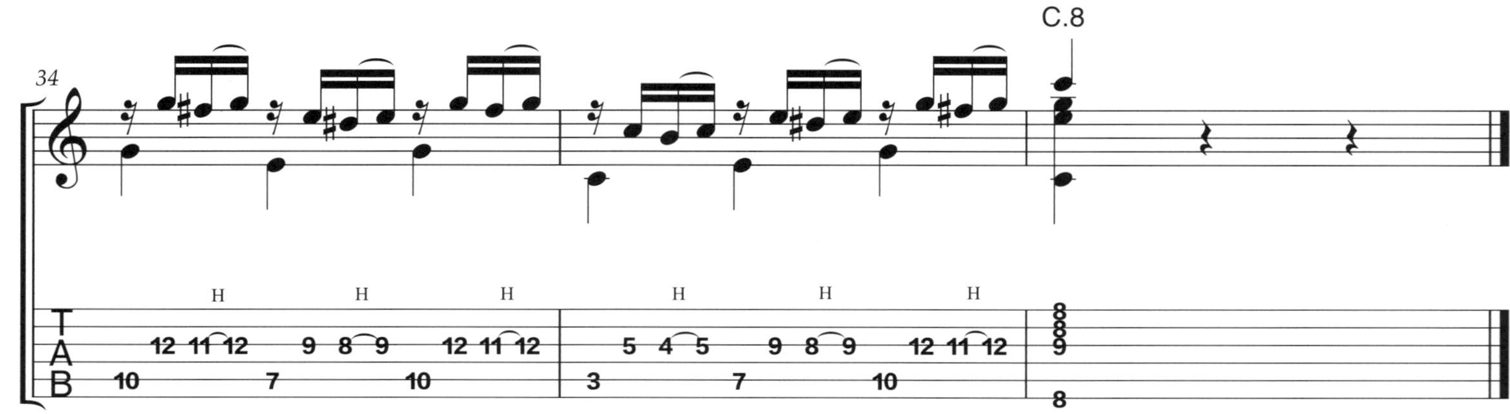

핑거링기타
위시리스트 Ⅱ

Foreign Copyright:
Joonwon Lee   Mobile: 82-10-4624-6629

Address: 3F, 127, Yanghwa-ro, Mapo-gu, Seoul, Republic of Korea
        3rd Floor
Telephone: 82-2-3142-4151
E-mail: jwlee@cyber.co.kr

핑거링기타 위시리스트 II

2026. 2. 25. 초 판 1쇄 인쇄
2026. 3. 4. 초 판 1쇄 발행

저자와의
협의하에
검인생략

편 곡 | 황선면
펴낸이 | 이종춘
펴낸곳 | BM 성안뮤직

주소 | 04032 서울시 마포구 양화로 127 첨단빌딩 3층(출판기획 R&D 센터)
      | 10881 경기도 파주시 문발로 112 파주 출판 문화도시(제작 및 물류)
전화 | 02) 3142-0036
      | 031) 950-6300
팩스 | 031) 955-0510
등록 | 1973. 2. 1. 제406-2005-000046호
출판사 홈페이지 | **www.cyber.co.kr**
ISBN | 978-89-315-8560-5 (13670)
정가 | **23,000원**

이 책을 만든 사람들
책임 | 최옥현
진행 · 편집 | 박현수, 배상연
악보 | 선경뮤직
본문 디자인 | 배상연
표지 디자인 | 박원석
홍보 | 김계향, 임진성, 김주승, 최정민
국제부 | 이선민, 조혜란
마케팅 | 구본철, 차정욱, 오영일, 나진호, 강호묵
마케팅 지원 | 장상범
제작 | 김유석

www.cyber.co.kr ★★★
성안당 Web 사이트

■ 도서 A/S 안내

성안뮤직에서 발행하는 모든 도서는 저자와 출판사, 그리고 독자가 함께 만들어 나갑니다.
좋은 책을 펴내기 위해 많은 노력을 기울이고 있습니다. 혹시라도 내용상의 오류나 오탈자 등이
발견되면 **"좋은 책은 나라의 보배"**로서 우리 모두가 함께 만들어 간다는 마음으로 연락주시기
바랍니다. 수정 보완하여 더 나은 책이 되도록 최선을 다하겠습니다.
성안뮤직은 늘 독자 여러분들의 소중한 의견을 기다리고 있습니다. 좋은 의견을 보내주시는 분께는
쇼핑몰의 포인트(3,000포인트)를 적립해 드립니다.

잘못 만들어진 책이나 부록 등이 파손된 경우에는 교환해 드립니다.